［新版］不思議と自分のまわりにいいことが次々に起こる

神社ノート

羽賀ヒカル

あなたの「守り神」と「ご縁の深い神社」がわかる！

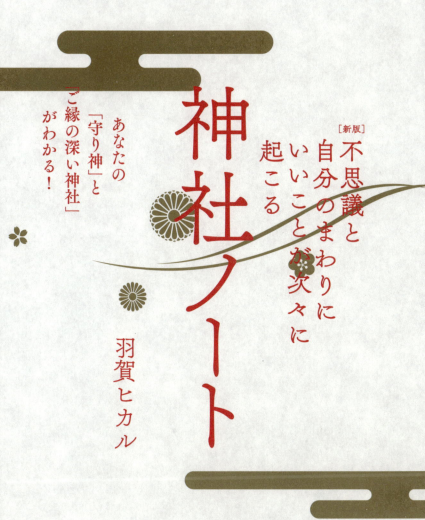

新版によせて

この『神社ノート』は、神様との対話を記《しる》す、祈りのためのノートです。

巻末に付属しているノートの紙は、ただの紙ではありません。

わたしの師匠・北極老人《ほっきょくろうじん》の手により、特別なしかけが施《ほどこ》されています。

いわば、**紙の上に、神社のような〝ご神域〟を再現したのが『神社ノート』**。

そこに書いた、あなたの祈りは、神様の世界に直通で伝わります。

伝わる、ということは、書いたことに対する〝返事〟が、あなたの日常のあらゆる場面でちゃんと〝返ってくる〟ということです。

わたしはよく「偶然は神なり」とお伝えしていますが、神様がなんらかの意図を持って仕組んだとしか思えないような偶然が、あなたの日常に起こり始めます。
あなたも『神社ノート』を書き始めたら、そのことを実感していただけるでしょう。これは書いた人にしか踏み入ることのできない、まさに神秘の世界です。

人生、一本道ではありませんから、ときに厳しい試練や、悲しい出来事に、襲われることもあるでしょう。なんのために生きるのか、その目的を見失いそうになることも、あるかもしれません。

そんなときも、この『神社ノート』さえあれば、神様へ問いかけたり、悩みを打ち明けたり、相談したり、報告したりすることができます。
書いて、祈るほどに、神様との心の距離が近くなり、いつもそばで守られている感覚を得ることができます。これほど心強いことはありません。

そして必ず、あなただけの人生の目的に出会うことができるでしょう。

人生の目的、つまり、なんのために生まれてきたのか。それを〝天命《てんめい》〟と呼びます。

人は誰しも、天命を持って生まれてきていますが、その天命は大きく十二の方向に分けることができます。

この『神社ノート』の第五章でご紹介している十二柱《はしら》の神様は、まさにその天命を教えてくれる神様です。


そして新版では、あなたと最もご縁の深い神様を知ることができるように、生年月日の対応表をおつけしました。

生年月日は、生まれてから死ぬまで、ずっと変わりません。

その日に生まれたということ自体が、あなたの持って生まれた天命を表す、一つの重要なカギになっているのです。

また本書では『神社ノート』を使いこなすための基礎知識として、
神社の神様とはどのような存在なのか？

神社参拝する本当の目的とは？

どのように祈るといいのか？

などについても、第一章から第四章で詳しくご説明しています。

本書をご活用いただくことで、あなたと神様が、ますます親しくなれますように。

令和七年二月吉日

羽賀ヒカル

はじめに

わたしは、神道家《しんとうか》であると同時に、占い師でもあります。

毎年、何百名もの人の相談に乗らせていただきますが、最もよくいただくご質問の一つが、これです。

「人の運命は決まっているのですか？」

結論から申しますと、現時点での未来は、決まっています。

実際に、手相や生年月日を見ることで、いろいろなことが、手にとるようにわかります。

いつ結婚するだとか、離婚しそうだとか。

いつ仕事で成功するとか、失敗するとか。
来年、二人は別れるだろうとか、新しい出会いがあるとか。
このご夫婦は、家でケンカばかりだろうなとか。

自分の運命が、これからどうなっていくのか知りたくなる。
それは人として、当然のことだと思います。
だから、みんな未来に興味があります。
けれど、少し想像してみてほしいのです。
もしあなたの未来がすでに決まっていたら。
それが変えようのないものだとしたら、どう感じるでしょうか?

暗い未来が待っていても、そのまま進むしかなくて、
悲しい別れが決まっていても、受け入れるしかないのなら、
その運命どおりに進むことほど、つまらなくて、むなしいことはありません。

運命を予知するよりも、大切なのは、運命を〝創造〟することです。

実は運命は、ある方程式で表すことができます。

「運命」＝「宿命」×「自力《じりき》」×「他力《たりき》」です。

あなたの運命も、この式に沿って決められているのです。

「宿命」とは、オギャーと生まれたときに決まるもの。
生まれてから死ぬまで、避けることも、変えることもできない定めのことです。
生年月日を見る占いでは、その人の宿命を知ることができます。

「自力」とは、読んで字のごとく、自分自身の努力精進。
さらにいえば、それを生み出すあなたの〝想像力〟のことです。
三つの中で、最も簡単に変えられるのが「自力」の部分。ですから、運命を変える第一歩は、あなたが「こんな未来を実現したい」という〝想像〟を広げることです。

最後の「他力」とは、神様のお力添えのことです。

ほとんどの人が、この「他力」の使い方をご存じないばかりに、
「努力が実らない」「願いが届かない」と苦しんでいます。

「運命」＝「宿命」×「自力」×「他力」ですから、いくら努力しても、「他力」の応援が〝0〟だったら、何を掛けても答えは〝0〟になってしまうからです。

恋愛にたとえるなら。
がんばって自分を磨いても、「他力」の応援がなければ、そもそも、
いい出会いがなかったり、
タイミングが悪かったり、
キッカケが生まれなかったりで、

結局のところ、何も運命が変わらないのです。

では、どうすれば、「他力」を味方につけることができるのでしょうか？

わたしは、師匠から**〝他力を動かし、新しい未来を創造する方法〟**を教わりました。

その方法が、本書でお伝えする**神社ノートの秘伝**です（ちなみに、わたしの継承した北極流《ほっきょくりゅう》占いも、新しい未来を創造するための占いです）。

本書に書かれた方法で、神社の神様

にお願いすることで、もともと決まっていた運命を創り変えることができます。

自分一人の力では、どうにもならないことを、神様と二人三脚で、成し遂げることもできるのです。

かつて日本の歴史上に名を残した偉人たちも、神々をあつく信仰し、功徳《くどく》を授かり、試練、絶望、艱難辛苦《かんなんしんく》を乗り越え、数々の偉業を成し遂げてきました。

もし、神様の功徳を授かることができれば……、あなたが今、悩み苦しんでいるあらゆることが、あっという間に解決することは、いうにおよばず、あなたの想像をも超えた未来が訪れるでしょう。

これまでの人生、「自力」でがんばってきた人ほど、そこに「他力」が掛け合わさったときに、劇的に人生が変わるのです。

ただし、神様に動いていただくには、条件があります。

かつて、神様の助けを得た偉人らの共通点は、一体なんだったのか？


一言でいえば、**〝頼み上手〟**だったのです。


人間同士でも、誰かにお願いごとをしようと思ったら、相手の性格に合わせて、気に入られるようにお願いしなければ、動いてもらえません。

それは、相手が神様でも、同じなのです。


本編で詳しく述べますが、人の心は、神様の御心《みこころ》をコピーして創られました。

また、菅原道真《すがわらのみちざね》、楠木正成《くすのきまさしげ》、徳川家康《とくがわいえやす》のように、人が神社に祀《まつ》られ、神になることもあります。神と人は、同じベクトル上にあるのです。

ですから、神様を味方につけるには、まず人の心を理解せねばなりません。

頼み下手な人は、何かと損をしてしまいます。

例えば日常の中でも、
手がいっぱいだから、助けてほしい（……のに、頼めない）。
大きなことをしたいから、協力してほしい（……のに、言えない）。
さみしいから、声をかけてほしい（……のに、素直になれない）。
好きだから、一緒にいてほしい（……のに、伝えられない）。
がんばり時だから、見守ってほしい（……のに、我慢してしまう）。

そうやって、頼みたいことが頼めず、自分の本当の気持ちを押し込めたまま、諦《あきら》めてしまったことはないでしょうか。
その場その場で、上手に頼みごとができるだけで、人生は楽になるし、得をするし、夢見たことが実現するし、自分一人ではできなかったことが、できるようになります。
ましてや、神様が頼みを聞いてくれたら、人間には決して与えられないような、ご縁、才能、財産、アイデア、チャンス、エネルギーをいただくことができるのです。

では、頼み方が下手な人って、どういう人でしょう？

遠慮して、強がって、カッコつけて、他人に頼めないし、頼《たよ》れない。

言い方があいまいで、何を頼みたいのか、わからない。

自分を過信して、なんでも自分一人でやってしまう。

頼んでいるクセに、偉そうで、感謝がない。

自分勝手なお願いごとばかり。

礼儀がなっていない。

と、いろいろ挙げることができますが、まわりの人に対しても、神様に対しても、こういう姿勢でいると、相手がいくら協力する気マンマンだったとしても、その気が失《う》せてしまうのです。


すると、まわりの人からも応援されにくくなり、神様からは相手にされず、パッとしない日々、うだつの上がらない日々になってしまいがちです。

このように、頼みを聞いてもらえない要因はいろいろありますが、最大の要因は、〝相手の気持ちを考えていない〟という一言に尽きます。

頼まれる相手の気持ちを考える。
これは頼みごとの基本であり、極意《ごくい》です。

ですから、神様のお力をお借りするには、
神様の〝お気持ち〟を察することが大切なのです。

「でも、どうやって?」とお思いかもしれませんが、ご心配はいりません。本書を読み終わる頃には、その意味をご理解いただけるはずですから。

神様にも喜んでもらえる頼み方をして、神様と、Ｗｉｎ《ウイン》－Ｗｉｎ《ウイン》の関係、Ｇｉｖｅ《ギブ》＆《アンド》Ｇｉｖｅ《ギブ》の関係を作るのです。
そのためにはまず、それぞれの神様の性格や、得意分野を知らねばなりません。
神様はある程度、どんな願いも聞き入れてくださいますが、完全無欠ではありません。その得意分野に応じた願いごとをしたときにこそ、抜群の神力を振ってくださるものなのです。

日本人は、初詣だったり、季節のお祭りだったり、ほぼすべての国民が、神社参拝をしています。ところがおかしなことに、正しいお願いの仕方をほとんどの人がご存じないのです。そればかりか、

そもそも、神とは何か？
神社とは、どういう場所なのか？
なぜ、神社で願いがかなうのか？

といったことも、教科書どおりの回答はできても、本当に身をもって理解し、説明できる人は数少ないでしょう。

それらの疑問に答え、あなたに〝頼み上手〟になっていただくことが、本書の目的です。

なお、本書でお伝えする秘伝の数々は、わたしが師匠・北極老人《ほっきょくろうじん》より教わったこと、わたし自身の現実的、霊的体験にもとづき、神々の世界の〝最先端情報〟を記《しる》したものです。

ですから、神社から公表されている社史《しゃし》や、古文献にもとづく学術研究とは、見解が一致しないところもあるでしょう。

それは、人の世が日進月歩であるように、神々の世界もまた、日々刻々と、猛スピードで変化しているからだと、ご理解ください。

教科書に載っている歴史と、真実の歴史に違いがあるのと同様に、記録や文献で語られる神々と、真実のお姿には、違いがあるものなのです。

わたしがお伝えしたいことは、今現在の、神々の世界の実情です。

そして、**「どんな心構えで日々を過ごし、どのように祈れば願いをかなえることができるのか」**という、まさに実践にもとづく、日常に根をおろした神社参拝法であり開運法を、ここに記しました。

本書にしか書かれていない秘密もございます。

わたしは神道家として、毎週、セミナーでは神社の秘密をお伝えして、毎月のように、何百人もの方々と日本各地の神社に団体参拝をしています。

そこでは、みなさん例外なく神秘的な体験をされます。

参加者の中には、神様を信じていなかった人もたくさんいるのです。

それにもかかわらず、「たった一度の参拝で、人生観が変わった」というお声は、枚挙《まいきょ》にいとまがありません。

参拝を終えてから、日常にすごい変化が起こる人もたくさんいらっしゃいます。

・うつ状態から脱却し、社会復帰できただけでなく、エリアマネージャーに昇格した
・再発した乳ガンで死を覚悟していたのに、わずか一週間で腫瘍《しゅよう》が消えた
・参拝した次の日に、ずっと夢見ていた仕事の依頼があった
・崖っぷちの経営難から、奇跡的なV字回復をした
・心から信頼できる、理想の男性に出会った（のちに結婚）
・失業し、途方に暮れていたところから生きがいを見つけた
・家族バラバラで会話もなかったのに、二週間後、温かい家庭をとり戻した

本当の神社参拝をすると、このような奇跡が当たり前のように起こるのです。

ただし、「神社のおごそかな雰囲気が好きだから」とか、「自然のパワーをいただくために」とか、「癒されたいから」といった〝観光気分〟の参拝では、神様に動いていただくことはできません。

わたしはいつも団体参拝の前、みなさんに次のようにお伝えしています。

「神様との交流は、神社に行くと決めたその日から、すでに始まっています」と。

神様という存在は、神社だけにいらっしゃるのではありません。
神界への入口は、いたるところにあるのです。
ですから、神社参拝しているときだけお祈りしても、
普段の心のあり方が、自己中心的で、祈りからかけ離れていたら、
神様にお会いすることはできません。

当たり前の日常の中で、神様に願いを発し、祈り、語りかけ、変わりゆく日々の中で、その時々の神様のお心を察してこそ、

「あぁ……、本当に守られているんだ」

「導いてくださり、ありがとうございます」

と、まるで神様がそばにいるかのように、その存在を肌で感じられるものです。


この本の巻末（三一九ページ）にある『神社ノート』は、まさにそのような感覚へと導いてくれる、特別なノートです。

ぜひ、本書をお読みになり、今日から、行動に移してみてください。

そうすれば、必ず神様からの特別待遇を賜《たまわ》り、あなたの運が開けます。

幸せへの入口は、いつも目の前にあるのです。

羽賀ヒカル

［新版］不思議と自分のまわりにいいことが次々に起こる神社ノート《目　次》

新版によせて　1
はじめに　5

第一章　なぜ、神社で人生が変わるのか？

人生は何で決まるか？　28
人生を変えた運命の出会い　33
「目標」ではなく「目的」に目覚める　39
神社参拝とは感覚をウツすこと　47
神様のメッセージを受けとる二つのポイント　53
神様の感覚をインストールする　61

未来からの時間感覚で生きる　69
神社は運気の銀行のようなもの　73
徳積みで神様との信頼を築く　84

第二章　心身を清めるミソギハラエ

人生が変わらない最大の理由　88
なぜ、ミソギハラエが必要なのか？　93
神様に愛される二つの習慣　100
習慣1　水と火の浄化で邪気を祓う　103
浄化法①　手を清める　107
浄化法②　火の瞑想　110
習慣2　静寂が訪れるまで掃除する　113

第三章 願いをかなえる『神社ノート』の秘密

願いをかなえる『神社ノート』とは？ 118
なぜ、書くことで願いがかなうのか？ 121
『神社ノート』で〝真の願い〟に出会う 127

第四章 神社ノートを使った祈り方

そもそも「祈り」とは？ 138
天津祝詞で書く前のセッティング 142
神社ノートの書き方① 神様に自己紹介をする 147
神社ノートの書き方② 神様の御神名を書く 149

神社ノートの書き方③　人様の幸せを祈る　152
神社ノートの書き方④　願いを書く　162
神社ノートの書き方⑤　報告をする　168
神社ノートの書き方⑥　悩みを打ち明ける　173
ポイント1　対話するように言葉を尽くして祈る　179
ポイント2　神様にお願いしたことは人に言わない　181
ポイント3　結果は神様にお預けする　184

第五章

神社ノートに宿る十二の神様

十二の神様の功徳　188
あなたに合う神様の選び方　198
生年月日でわかる、あなたの「守り神」　200

摩利支尊天 207
天才的な閃きで人生の勝負に打ち勝つ人になる 210
天之御中主神 217
迷いを断ち切り新しい未来を創り出す改革者になる 220
蛭子大神 226
愛されオーラを放ち誰からも好かれる人気者になる 229
木花咲耶姫 234
コミュニケーションを駆使して人間関係の潤滑油になる 237
天宇受賣命 242
相手の懐に飛び込み人の心を動かす大胆不敵な人になる 245
猿田彦神 250
前人未踏の地に先陣きって突き進み、みなを導く開拓者になる 253
建御雷神 257
粘り強く意志を貫く不屈の精神で困難に立ち向かう人になる 260
大山祇神 265
揺るぎない自信と存在感で常識を超えるスケールで羽ばたく 268
大国主神 274
場を守り人々を育て導く真のリーダーになる 277

素盞男神 285
限界を突破して目的を遂行していく勢いのある人になる 288
観世音菩薩 292
固定観念を捨て自由自在に人生を切り拓く人になる 295
国之常立神 303
独特な雰囲気でまわりを魅了する一芸に秀でた人になる 306

おわりに　わたしが見たい景色 311

神社ノート 319
参考文献 330
[巻末付録] 護符 331

本書は、２０１７年12月に小社より刊行された『不思議と自分のまわりにいいことが次々に起こる神社ノート』を加筆・改筆・再編集したものです。

第一章

なぜ、神社で人生が変わるのか?

人生は何で決まるか？

「将来は、何をしたいの？」

「あなたの目標は何？」


幼い頃からずっと、わたしは〝何を〟に迫られて生きてきました。

ずっとその答えがわからなくて、苦しかったのです。

いいえ、わたしに限らず、たいていの人は、まわりの大人たちから〝何を〟の答えを求められてきたのではないでしょうか？　まるでそれが当然であるかのように。

だから、大人になっても、〝何を〟に人生の答えを見出そうとする。そんな人が少なくありません。その答えがなければ幸せになれないとすら、思い込んでしまっているのです。

ところが、そうやって自分探しをした結果、路頭《ろとう》に迷う人がなんと多いことか……。

結論からお伝えしましょう。

幸せになるカギは〝何を〟にはありません。

〝誰と〟にあります。

これは、恋愛、結婚、仕事、家庭、友人関係、あらゆることにいえます。

「結婚したら幸せになれる」という考え方も、よくある幻想の一つです。

結婚そのものが、あなたを幸せにしてくれるのではありません。

幸せ、不幸《ふしあわ》せを決めるのは、〝誰と生きるか〟です。

「この仕事に就いたら幸せになれる」という憧れもまた、幻想です。

大切なのは〝誰と一緒に〟働くか。〝誰のために〟尽くすかです。

仮に、やりたい仕事や向いている仕事をやっていたとしても、一緒に働いている人がイヤな人ならば、悩みが尽きないでしょう。実際に、わたしもたくさんの方から仕事のお悩み相談を伺いますが、一見、仕事内容の相談のようでも、実は悩みのタネは人間関係にあったということはよくあります。

〝何が〟できるか、ではなく、〝誰と〟出会えるか。
〝何を〟したいか、ではなく、〝誰と〟生きるか。

それが、あなたの幸福を決める最大の要因になるのです。

人は、生まれるときに神様からお役目を授かって生まれてきます。
そのお役目は、天命《てんめい》とも呼ばれます。

天命と聞くと、大きなことを成し遂げる、自分にしかできない仕事を見つける、そんなイメージを持つ人も多いでしょう。けれど、実はそうではありません。
天命とは、ご縁のある〝誰か〟と、共同作業で成し遂げるものなのです。
その〝誰か〟とは、結婚相手かもしれませんし、仕事仲間、家族、友人、先生、ライバルかもしれません。
人生には、運命の〝誰か〟と一緒でないと、見ることのできない景色があるのです。

その誰かと、損得を超えた仲間になれたとき。
言葉にならない思いを、分かち合えたとき。
どんな危機でも揺るがない、信頼で結ばれたとき。
ウソ偽《いつわ》りのない愛で、結ばれたとき。

そのとき、あなたの目の前に広がる、かつて見たことのない世界……。
その景色を見るために、人は生まれてくるのです。

では、どうすれば、運命の〝誰か〟に出会うことができるのか？　関係を深めることができるのか？　実は、そのご縁を結んでくれるのが、神社の神様なのです。

人生は、出会いで決まるとよくいわれます。

その人にいくら才能があっても、それを引き立ててくれる人がいなければ、多くの場合は芽が出ません。人生の成功者と呼ばれるような人たちは、例外なく、どこかで偉い人に才能を見出され、かわいがられ、応援してもらっているものです。

あらゆる出会いは、決して偶然ではありません。その裏側には神様のお働きがあります。しかるべきタイミングで、出会うべくして出会っているのです。

かくいうわたしの人生も、たった一つの〝ある出会い〟によって劇変しました。

その相手こそ、わたしの占いの師匠であり、本書でお伝えする神社参拝の秘法を教えてくれたその人、北極老人《ほっきょくろうじん》です。

あれは、わたしが高校一年生のときのこと。

実は、初めて出会ったその日から、わたしは神社の神様と繋がる方法を、知らず知らずのうちに教わっていたのです。今から、その秘密をお伝えします。

人生を変えた運命の出会い

今からお話しすることは、まるでおとぎ話のような、実話です。

当時のわたしは、夢も目標もない、どこにでもいるような高校生でした。

わたしの家系は代々、医者や政治家ばかり。

父は開業医、祖父は京都市長で、何不自由なく育てられてきました。

子どもの頃からずっと、

「あなたも、おじいさんのような政治家になれたらいいわね」

「将来は、お父さんのような立派な医者になりなさい」

そう言われ続けてきたのです。


いろいろな人から「かくあるべき」という理想は言われるのですが、どれもピンときませんでした。心の底からアツくなれる夢や目標を見つけられないままでした。

「お金がある」「地位がある」「多くの人から尊敬される」そういった社会的名誉を得ることをすすめられましたが、本当に幸せに繋がるのかわかりません。

それどころか、政治家や医師や教師といった「先生」と呼ばれる立場の人たちを見て、確信に近く感じていることがありました。

それは、「お金や地位があっても、名誉があっても、幸せにはなれない」ということ。

結局、自分が何をしたいのか、将来どうなりたいのか、幸せがどこにあるのかはわからず、「人生って、所詮《しょせん》こんなもんか……」と、半ば諦《なかあきら》めに似た気持ちに支配されていました。まだ若かったのに、今考えるとおかしな話です。

でも、そう思ってしまうほど、退屈な毎日だったのです。


しかし、転機は突然訪れました。

ある日、勉強をしないわたしを見かねた母が、学習塾のチラシを手渡してきました。

「歩いて五分のところに、塾ができたみたいよ。行ってみない？」

「学校だけでも大変なのに、塾なんか絶対イヤだよ……」なんてボヤきながら、チラシを見ると、隅っこに塾長のプロフィールが書かれていました。

その瞬間、目を奪われたのです。

大学受験の全国模試で、ことごとく全国一ケタ順位（偏差値八十〜一〇〇）を達成。その後、人生に疑問を持ち、答えを求めて全国を放浪……。

「全国一ケタって、すっげぇ！　変わった先生がいるんだなぁ」

チラシの最後には、こう書かれていました。

『来るだけで頭が良くなり、運も良くなる塾を目指す。趣味は、神社めぐり』

なんで、塾で運が良くなるんだろう？

ますます興味が湧いて、居ても立ってもいられなくなり、すぐに入塾説明を受けに行ったのです。数時間後、わたしは『運が良くなる塾』の秘密を知ることになります。

塾に到着してドアを開けると、想像もしなかった空間が広がっていました。いわゆる『学習塾』のイメージとは、まるで違うのです。

玄関はピカピカ。綺麗な花のオブジェが出迎えてくれました。

靴を脱いで上がると、アロマのいい香りが漂い、ピアノのメロディが聞こえます。トイレには日差しが差し込み、寝ても平気なくらいの清潔感。

驚きのあまりぽかんとしていると、後ろから温かく涼やかな声が。

「こんにちは」

そうして出迎えてくれたのが、塾長・北極老人でした。

案内されたリビングには、木目の美しい八角形のテーブルがあり、その後ろには、左右対象に「月」と「太陽」の写真が飾られていました。
まるで異世界に迷い込んだような、きらきらとした空間。
神秘的で、それでいてどこか懐かしい。ただただ不思議な感覚でした。
リビングに座ると、自分がいつになく深い呼吸をしていることに気づきました。

塾に来る前は、すごく緊張していたはずなのに……。
なんだろう、この安心感。この静けさ。

そんなわたしの様子を見て、北極老人は優しくおっしゃいました。

「どうやら、この場所の秘密に興味があるようだね」

その言葉を聞いて目を輝かせたわたしに、北極老人はこう続けました。

「日本各地には、幾万の神社仏閣があるだろう。

それらの聖域は、風水的な結界で邪気《じゃき》邪霊《じゃれい》から守られているんだ。

ここは、その古代の技術を応用して、神社のように清々しい空間を再現するしかけを施《ほどこ》してある。

だから、自然とカラダが緩んで、呼吸が深くなる。

すると、ただその場にいるだけで、理想の人生に近づくようになっているんだよ」


風水、結界……。聞き慣れない言葉のはずなのに、「あぁ、そういうものなんだ」と、妙に納得している自分がいました。


のちに知ることになるのですが、なんと北極老人は、五万人以上の鑑定歴を持ち、九つの流派の占いを極めた伝説の占い師であり、風水師だったのです。

いいえ、それだけではありません。古今東西の学問を修め、精神世界に精通した、まるで何百年も生きた仙人のような方だったのです。

「目標」ではなく「目的」に目覚める

わたしは入塾を即決しました。
それ以来、北極老人の話を聞くことが、この上ない楽しみになったのです。
学校でどんなイヤなことがあっても、「今日はどんな話が聞けるだろう？」と思うだけで、足どりは軽くなっていました。

ある日、わたしは今まで誰にも聞けなかったことを、尋ねてみました。
そのときに返ってきた答えは、まさに願望実現の秘訣そのものだったのです。

わたしが知りたかったのは、「目標の持ち方」についてでした。

「先生、いいですか？

僕、夢も目標も、何もないことがずっと悩みなんです。行きたい大学もないし。親は、医学部に行ってほしいと言うけれど、僕は正直、医者にはなりたくありません。こんな状態で受験なんて、できるんでしょうか？」

「まったく気にしなくていい。（目標がなくて）むしろ都合がいいくらいだよ」

「えっ⁉　どういうことですか？」

わたしは、思いもよらない答えに面食らってしまいました。

かたや北極老人は、淡々と話を続けられました。

「世間では、目標を持つことが大事だ、と教えられる。けれど〝目標〟を持つことよりも遥《はる》かに大切なのは、〝目的〟に目覚めることなんだ」

「目標と目的……って、何が違うんですか？

○○大学に合格するとか、野球選手になるとかいうのは目標ですよね？
じゃあ、目的は……〝なんのために勉強するのか〟ですか？」

「そうだね。じゃあ、今の君は、なんのために勉強してるんだい？」

「そりゃあ……」

わたしは、いい大学に行くため、と言いかけてやめました。

いい大学に入って、立派な医者や政治家になることが本当の目的ではないということは、自分が一番よく知っていたからです。でも、自分は何を目指せばいいのか、答えは出ず、考えることも放棄していました。

そんなわたしの気持ちをすべて悟ったかのように、北極老人はおっしゃいました。

「人生の目的とは何か？

多くの大人も、その答えを知らない。だから、わかったフリをして、〝目標を持つことが大事だ〟と子どもに押しつけてしまう。

そうやって教育されると、一流大学に合格する、一流企業に就職する、お金持ちになる、結婚する、有名になる、そういった〝手の届きそうな目標〟を〝人生の目的〟と勘違いしてしまう。

けれど、本当の目的は別のところにあると、どこかで気づいている。

だから、目標に向かうモチベーションも、パワーも湧いてこないんだ。

君に目標がないのは、もっと本質的な〝目的〟を求めているからじゃないかい？」

「そう！　そうなんです！　親からは将来、

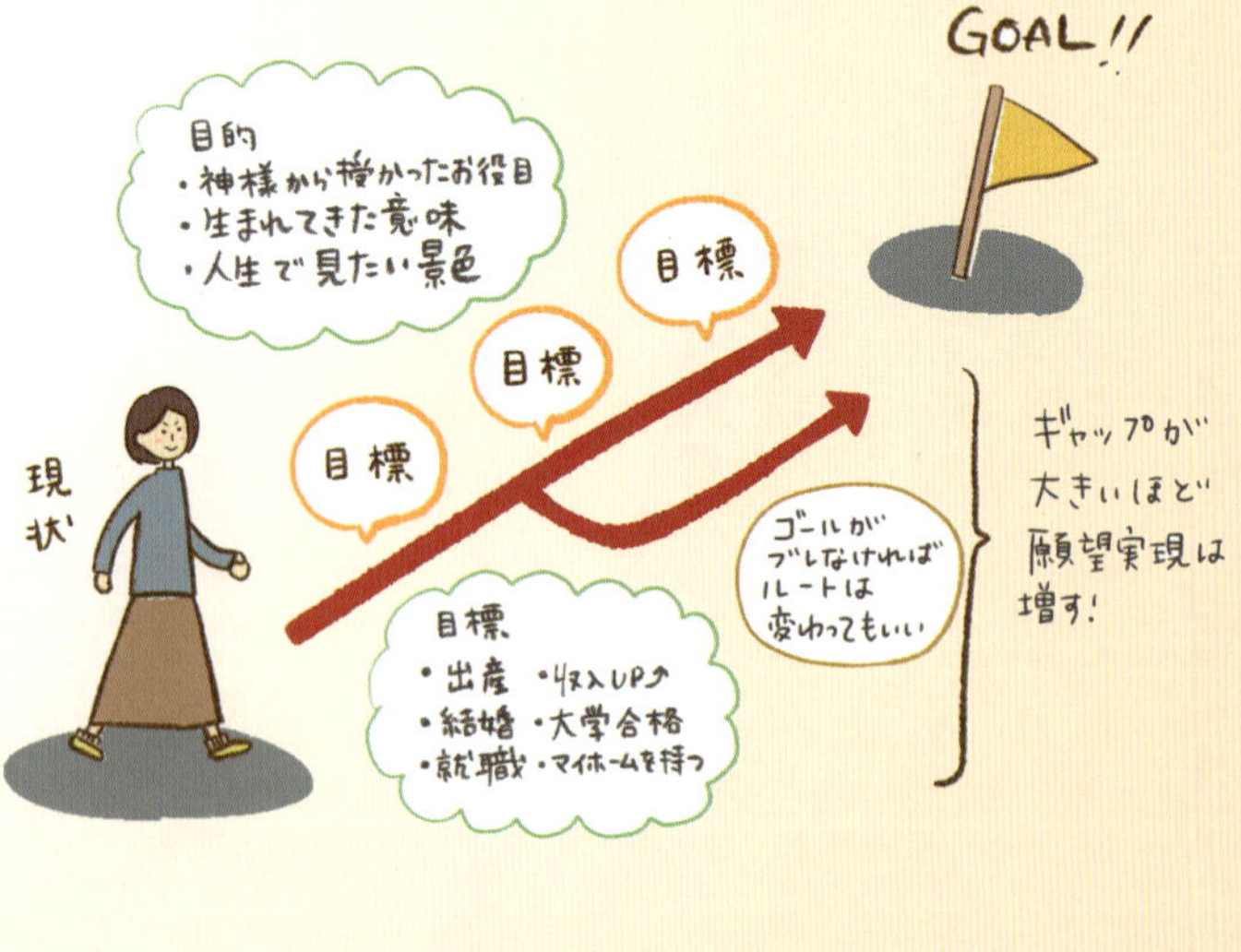

医者や政治家になれって言われるけど、なんか違う気がして……。目的って、なんなのでしょうか？」


「目的とは、なんのために生まれてきたのか。

君が人生で〝見たい景色〟といってもいい。

目標は、その目的を果たすための通過点に過ぎない。

目的は一つだけれど、そこへ向かうルートは無数にある。

要は、目的がブレなければいい。

高いゴールに向かう明確な意志があれば、それを目指す過程《プロセス》で、具体的な目標は勝手にかなっていくものだよ。かつ、それが遠くにあり、現実とのギャップが大きいほど、願望実現力は増すんだ」


「どうすれば目的は、見つかりますか？」

わたしは、前のめりになって尋ねました。

「目的は、過去ではなく、未来から見つけるものだよ。
必要なのは、経験でも知識でもなく、想像力。
例えば、イメージしてごらん。
大好きな女の子に、挨拶される喜びを〝一〟としよう。
その子と、デートできた喜びを〝十〟とする……」

わたしは、自分がちょっとにやけ顔になって前歯が出ていることにも気づかず、言われるがまま、リアルに想像してみました。

「うん、上出来だ。イメージできたね。
でも、それはゴールじゃないから、そこで満足してちゃあいけない。
それを遥かに超える喜びを想像してみてごらん。さっきの喜びが〝十〟としたら、
〝一万〟〝一億〟〝一兆〟くらいの、ケタ違いの喜びを。
例えば、世界が平和になる。この世から、差別がなくなる。

君のまわりにいるすべての人が、幸せになる。迷いが消える。
こんな理想が訪れたら、もう死んでもいい。
本気でそう思えるような景色を想像する。
言葉だけでなく、ありありと情景が浮かび上がるくらい、リアリティを持って。
イメージできたら、その景色を、『なったらいいな』ではなく、
あなたが生きているうちに『絶対に実現する』と確信する。
その理想が、未来にすでに用意されている、という視点で生きるんだ。
そうすれば、同じ世界を生きていても、見える景色が変わる。
目の前の悩みも、ちっぽけに見えるようになる。
他人との比較も、どうでもいいと思えるようになる。
すべての失敗も、一つのプロセスだと感じられるようになる。
その結果、最短ルートで、最も幸せな未来に繋がることができるんだよ」

この話を聞いているうちに、わたしはすっかり気持ち良くなっていました。
お酒を飲んでいないのに、酔っぱらったような感覚。

その感覚の中にいると、どんな自分にもなれる気がしました。

そして驚くべきことに、この日から、わたしの中にあった人生の悩みの九割が、消えてなくなっていたのです。

神社参拝とは感覚をウツすこと

よく鑑定に来られるお客様に「羽賀さんは師匠に恵まれていいですね」と言っていただくことがあります。そして「わたしにも、そういう人がいたらなぁ」とおっしゃるのです。

確かに、理想の人に出会い、信用され、かわいがられる人は幸運です。

しかし、世の中には、望んでも、そういう人となかなかめぐり会えない人がいるのも事実でしょう。

では、「わたしにはいい出会いがない……」という人は、どうすればいいのか？

北極老人に尋ねたことがありました。

すると、こんな言葉が返ってきたのです。

「運命的な出会いがあったり、憧れの人に気に入られたりするのは、
その背後に、神様のお働きがあるからだ。
神様は目に見えない存在だから、直《じか》に人を助けることはできない。
だから、人と人とのご縁を通じて、功徳《くどく》を授けてくださる。

ご縁は、いつもタイミングとセットで訪れる。
人の頭で考えて、作為的に作り出すものではない。
必要な場に、必要なときに、自然と現れる人こそ、
神様の紡《つむ》いだ、本当のご縁なのだ。

〝タイミングがいい〟とは即《すなわ》ち、
〝神様に応援されている〟ということ。
もし、なかなかご縁に恵まれないなら、
自分が求める功徳を持つ神様がいらっしゃる神社に、お参りすればいい。

ご縁のある人はどこにいるのか、自分では見つけられなくても、
神様は知っているのだから」

「でも、同じように神社参拝しても、ご縁に恵まれる人と、そうでない人がいる気がします。その違いって、なんなのでしょうか？」


「〝目的意識〟の違いだろう。

人と人でも、同じ〝目的〟を持つ同志になれば、互いに手を取り合うだろう？

それは、人と神様でも同じなんだよ。

ところが、参拝する人がみな、神様のお気持ちはそっちのけで、
自分の幸せにしか興味がなかったら、どうだろう？

全人類の幸せを願う神々とは、目指すところが違いすぎて、応援しようにも、できなくなってしまうのだよ。

逆に、普段から神様の御心《みこころ》を感じようとする人。

神様に〝仕《つか》え奉《たてまつ》る〟気持ちで生きている人。

自分のことよりも、みんなの幸せを、朝な夕な、祈っている人。

そういう人は、神社にお参りせずとも、神様に応援されて、幸せなご縁に繫がることができる」


「そうなんですか⁉ じゃあ、なんのために神社参拝するんですか？」


「神様の感覚を〝ウツす〟ためさ。

例えば、君もこんな経験はないかい？

すごい人の話を聞いて、自分の悩みがちっぽけに感じられたとか。

広大な自然に触れて、心が洗われるような気持ちになったとか。

それは、高い感覚がウツった証拠。神社とは、その場に降りている清々しい空気、誇らしい空気、歓喜の空気を感じて、高い感覚を自分の魂にインストールするための場所なのだよ。実は、ある方法で参拝すれば、何も知らずに参拝するのとは比較にならない速さで、劇的に感覚を高めることができる。

それを〝ウツシの法〟という。

そして、神様の感覚に近づくほど、願いは通じやすくなり、より深い幸せに導かれていくものだよ」

「先生、ぜひわたしにも伝授してくださいませんか。その〝ウッシの法〟を！」

こうして、わたしが北極老人より何百時間にもおよぶ口伝《くでん》により受け継いだのが、本書でお伝えする神社参拝の秘伝〝ウッシの法〟です。

この方法を知って参拝するのと、知らずに参拝するのとでは、その後の人生が大きく変わってきます。

同じ神社にお参りしても、ケタ違いの功

徳を賜《たまわ》ることができるようになるのです。
あなたに必要な〝ご縁〟が、絶妙のタイミングで、向こうからやってくる。
そんな奇跡が、当たり前のように起こるようになるということ。

さらに、神社参拝を通じて神様に愛される姿勢を身につけていくうちに、人からも愛されて、引き立てられる才能も、自ずから育《はぐく》まれていきます。
神様に愛される秘訣と、人に愛される秘訣は、相通じるものがあるからです。

神社参拝をすると、運命の出会いが訪れる。
神様に愛されると、人にも愛されるようになる。

これこそ、神社参拝で人生が変わる所以《ゆえん》なのです。

神様のメッセージを受けとる二つのポイント

神様の功徳を受けとるためには、いくつかポイントがあります。

わたしがそのことを教わった、あるエピソードをご紹介します。


北極老人は、九つの流派の占いを極めておられますが、その占いを教わった先生との出会いも、神様の恩恵としか思えないような、奇跡的な出会いだったのだそうです。


北極老人が、まだ青年だった頃。

世に出回る占いの本はかたっぱしから読み尽くし、一冊何十万円もするような奥義書を読破し、数々の大家《たいか》の門を叩いても、なかなかその真髄《しんずい》には出会えず、格闘の日々を送られていたそうです。

そんな折に、ある占いの書物を読み、北極青年に衝撃が走りました。

「この本には、あえて真髄が書かれていない……。
きっとこの著者は、もっと先の真髄を知っているはずだ！」

そう直感した北極青年は、ぜひこの先生に占いを直接教わりたいと願います。
ところが、その先生は一切、弟子をとらない主義でした。
連絡先も、どこで会えるのかも、わからない。何か手はないものか……。
そして北極青年は、当時、一番よく通っていた神社で祈願したのです。
毎日、雨の日も風の日も神社に通い詰めました。

そんな日々をしばらく続けた、ある日のこと。

北極青年は、ふと用事を思い出し、友人に電話をかけました。
今のようにスマホもメールもありませんから、ダイヤル式の黒電話です。

トゥルルルル……、トゥルルルル……。

ガチャッ。

「はい、もしもし？　〇〇ですけど」

電話口からは、聞き覚えのないおじさんの声が聞こえてきました。
友人の父親の声でもない。あれ、かけ間違えたかも……？
と、思った次の瞬間、「もしや！」と、ある思いが頭の中を駆けめぐります。
そのおじさんが名乗った名前は、北極青年がずっと弟子入りしたいと祈願していた先生と、まったく同じ名前だったからです。
まさか、と思いながらも、恐る恐る尋ねました。

「あの、もしかして、〇〇先生ですか？」

すると、驚きの言葉が返ってきます。

「ああ、いかにも。わたしが○○だが、何か用かね？」

なんと、その電話の向こう側にいるおじさんは、ずっと会いたいと願っていた、占いの先生、まさにその人だったのです。

「うわあっ！」

驚きのあまり、息を呑みました。
そして高鳴る鼓動をおさえ、北極青年は一気に思いの丈《たけ》を打ち明けます。
熱烈な思いを伝えるうち、どんどん話は盛り上がっていきました。

「先生の書かれたあの本には、特に感銘《かんめい》を受けました！」

「そうか。あの本には、あえて真髄を書かなかったところがある。どこかわかるか？」
突然の問答でしたが、本の表紙が破れるほど読み込んでいた北極青年は即答します。

「一六二ページの、十三行目ですか⁉」

「おおっ、素晴らしい！　見事じゃ」

そこからさらに盛り上がり、とうとう「今から会いに来ないか？」と、思いがけない展開に。その日のうちに先生の自宅まで会いに行き、朝まで語り明かすことになったそうです。
そうして、何百冊の本を読破しても、決して辿り着けなかった占いの真髄を、文章ではとうてい表現できないような深遠な世界を、たった一夜にして、会得することができたのです。

こんな偶然が、あり得るでしょうか?


いいえ、これは決して偶然ではなく、まさに神様からの賜り物なのです。

神様にかわいがられると、このような運命的な出会いが、あなたにも訪れます。

偶然を呼ぶことは、誰にでも可能なのです。


ただし、やってきたチャンスをキャッチできるかどうかは、あなた次第です。

このエピソードでも、もし、そのまま電話を切っていたら、チャンスがきていたことにすら気づかず、ただの間違い電話で終わっていたでしょう。

ずっと祈り続けていたから、いざというときに「ピン!」とくるのです。


神様からのメッセージは、いつ、どこからやってくるかわかりません。

だからこそ、神社参拝のときだけでなく、日常の中で神様を感じることが大切。

たとえ、あなたの嫌いな人から、イヤなことを言われたとしても、もしかしたらその言葉の裏には、神様からの大事なメッセージが含まれているかもしれません。

単なる〝人の言葉〟として聞くのではなく、「この人を通して、神様はわたしに何を伝えようとしているのだろう？」と、神なるメッセージに耳を澄ます。

そういう見方をしていると、誰かの言葉によって、過剰に感情を乱されたりすることもなくなって、心の雑念《ノイズ》が消えていきます。

静寂《せいじゃく》な心でいるからこそ、神様の繊細な声なき声に気づくことができるのです。

そして、もう一つポイントがあります。

もし北極青年が占いの先生の問答に答えられなかったら、きっと、それ以上の深い関係にはなれなかったでしょう。

「幸運の女神は、準備された心のみに宿る」というパスツールの名言のとおり。

いつ運命の出会いが訪れてもいいように準備をしているからこそ、いざチャンスが訪れたときに、モノにすることができるのです。

すべての人の背後に、神様を感じる。

運命の出会いがいつ訪れてもいいように、できる限りの準備をしておく。

これらは、霊感があるとか、チャネリングができるとか、オーラが見えるとか、そういう選ばれた人だけでなく、誰にでもできることです。

神社参拝をして、飛び込んでくるメッセージにアンテナを立てる。

そうすれば、人生を変える出会いがあなたにも訪れます。

神様の感覚をインストールする

北極老人には、ちょっと変わった特技がありました。

それは、「一度食べた料理の味を、そのまま再現できる」というもの。

初めてそれを聞いたときは、「そんなまさか……」と半信半疑でした。

けれど、実際に北極老人と有名シェフの店に食べに行くと、だいたいその翌日には、そのシェフの味を再現した料理をふるまってくださるのです。

しかも、ただのシェフではなく、ミシュランガイド星付き料理店のシェフなど、〝超〟がつくほど一流の味をそのままに再現されるのですから、もう不思議でなりませんでした。

世界一と名高い中華の鉄人が作る麻婆豆腐も、三ツ星レストランの巨匠が作る伝説のカルボナーラも、ものの見事に再現した料理をふるまってくださり、実物と食べ比べましたが衝撃的なおいしさで、「これ、実物を超えてるんじゃないか……？」と思うほどでした。

しかし、その変わった特技にも秘密があったのです。

北極老人は、料理人と仲良くなるのがむちゃくちゃ上手いのです。

店を出る頃には、シェフのほうが北極老人のファンになっていることもあるほど。

その結果、北極老人には、一流料理人の知り合いが異常に多くいらっしゃいました。

どの店に食べに行っても、「よくぞ来てくださいました！」と、特別待遇。

メニューに載っていない、特別な料理が出てくることもしょっちゅうでした。

そして、たいていそのシェフから料理のコツや、使っている調味料や、普通なら知り得ないような秘密を持って帰ってこられるのです。

だいたい料理人に限らず、何かの分野を極めた人というのは、一癖も二癖もある性格だったり、とにかく厳しかったり、近づき難《がた》い人が多いものです。ところが、北極老人はたった五分で、初対面のシェフの心をワシづかみにしてしまうのです。

どうして、そんなことが可能なのか？

その答えは、単に社交性があるから、といったことではありませんでした。

料理を食べに行く〝姿勢〟が、そもそも違っているのです。


そしてそれは、神様と繋がるための心得そのものでした。


まず、店を訪ねる前には、シェフの思いや、店のこだわりをよく調べておく。

身だしなみを整えて、綺麗な着物に身を包んで行く。

シェフに丁寧《ていねい》に挨拶をして、かつ面白おかしく自己紹介をする。

一緒に食べに行ったみんなに、気前よくごちそうする。

おしゃべりに夢中になったりせず、一口一口、味わって食べる。

普通なら気がつかないような料理のこだわりを、さりげなく褒《ほ》める。

シェフも共感するような、深い料理の哲学を語る。

帰ってきたら、そこで堪能した味を再現した料理を作って、みんなに幸せのおすそわけをする。

これを神社参拝に置き換えると……？

①神社を訪ねる前には、神様の性格や働きをよく知り、学んでおく。
②身だしなみを整え、心身を清めて、お参りする。
③神社ではお祈りする前に、丁寧に自己紹介をする。
④気持ちを込めて、気前よく玉串料《たまぐしりょう》（※1）を包む。
⑤ムダなおしゃべりをせず、神社の空気を、じっくりと味わい尽くす。
⑥神様のことを褒め称《たた》える気持ちで、祝詞《のりと》（※2）を奏上《そうじょう》する。
⑦神様にも共感してもらえるようなお願い事をする。
⑧参拝から帰ったら、神社で味わった空気を心の中で思い出して、みんなに幸せのおすそわけをする。

※1　神社にてお祈りをする際に、お納めするお金。初穂料《はつほりょう》ともいう。
※2　神主が神前で申し述べる祈りの言葉。

このような姿勢で神社にお参りすると、必ず神様とお近づきになることができます。
すると、普通の参拝では決して得られないような功徳を授かることができるのです。

北極老人いわく、

「シェフとの信頼関係ができると、感覚の架《か》け橋ができる。
すると、シェフの感覚をインストールすることができる。

もちろん、料理の知識を覚えたり、最低限の努力は必要だが、
まともに修行すれば、一人前になるまでに十年以上かかるところを、
一流の感覚をウツせたら、遥《はる》かに早くそこに到達できる。

手っ取り早く、料理が上手くなりたいのなら、まず料理の感覚を高めるべきだ。

人生も同じ。

まともに一歩ずつ進んでいたら、真の幸福にいたるまで、何十年もかかるだろう。
どんなに自力で努力しても、知恵や人望や生き様において、
弘法大師《こうぼうだいし》、楠木正成公《くすのきまさしげこう》、イエス・キリストには、かなわないだろう。

自力には限界がある。

遠回りをやめて、幸せの感覚をウツせば、最短距離で真の幸福に辿り着ける。
もし、お手本となる憧れの人物が身近にいれば、その人の感覚をウツせばいい。
けれど、日本人にはさらなる幸せに辿り着く方法が、誰にでも用意されている。

それが、神社参拝だ。

神社参拝とは、神様の感覚をインストールする儀式ともいえる」

感覚が高まると、願望も進化していきます。

低いときに願っていたことが、高くなると、ちっぽけに思えるようになるのです。

子どもの頃、ノドから手が出るほどほしかったオモチャが、大人になったら、なんの興味もなくなるのと似ています。

なかなか幸せになれない人は、世俗的な低い感覚のまま、今、目の前にある願望を追いかけてしまっているのです。

その願望は、心の底から求める本音ではなく、過去から生まれた**かりそめ**の願望だから、たとえかなったとしても、手

に入るのは一時的な幸せにすぎません。

手に入れてから、やっぱりこれも違う、あれも違う……と、また次の幸せを探すことになるのです。

かりそめの願望をかなえるために、時間も、お金も、運も、ムダ遣《づか》いしていたら、あっという間に人生が終わってしまいます。


自分が、何を望み、なんのために生まれてきたのか。

それを知る最短ルートが、神様の感覚をインストールすることなのです。


神様と感覚が近づくほど、神様はあなたの応援をしてくれるようになります。

すると、有形無形《ゆうけいむけい》のあらゆる幸福が、向こうから舞い込んでくるようになるのです。

あとは、ただ感覚に従っているだけで、
誠に良き人生を全《まっと》うすることができるでしょう。

未来からの時間感覚で生きる

人類史上、最大の誤った思い込みは、「時間は過去から未来に流れている」という感覚です。

この時間感覚のせいで、人は過去に縛られ、過去に執着してしまい、願いをかなえるための幾多《いくた》のチャンスを失っているのです。

時間は〝過去→未来〟に流れている。これは、人間の時間感覚。
時間は〝未来→過去〟に流れている。実はこれが、神様の時間感覚です。

近い将来、科学でも証明されることでしょうが、時間には過去からの流れ、未来からの流れ、その二つが同時に存在しているのです。

けれど人は、「過去の蓄積《ちくせき》＝自分」だと思い込んでしまっているがゆえに、

「今まで不幸だったから、未来も幸せになれない」

「過去に失敗してきたから、きっと次も失敗する」

そんな考えが頭から抜けきれず、台本どおりの、常識的で、平凡な人生を抜け出せません。そして、自分の未来に期待できなくなっていくのです。


神様に応援されるために大切なことは、〝未来からの時間感覚〟で生きること。


人が不幸になるのは、自分を責めるか、他人を責めるか、したときです。

自分を責めるのは、「自分は、どうせ変わらない」と、諦めているから。

他人を責めるのは、「自分では、どうにもできない」と、他人に期待しているから。

どちらも、その裏には過去からの時間感覚があるのです。


自分の人生の行《ゆ》く末《すえ》を、他人に期待してしまうと、ロクなことはありません。

期待が外れるたびに、

「どうしてあの人は、いつもこうなの！」

「なんであの人は、ずっと変わってくれないの！」

と、イライラしてしまうからです。


けれど、未来からの時間感覚の中にいる人は、自分が変わったら、まわりの景色も変わることを知っているので、思いどおりにならない現実にも、一喜一憂《いっきいちゆう》しないのです。

そして、失敗しても立ち止まらなくなります。


どんな失敗も、挫折も、最高の未来に通じていると信じているからです。

本来、失敗ベクトルと成功ベクトルは、同じ延長線上にあります。

「失敗＋失敗＋……＋失敗＝成功」という具合に、足し算がそのまま使えるのです。

だから、成功の反対は失敗ではありません。

成功の反対は〝何もしないこと〟なのです。

本書に従って、神様に祈りを向けると同時に、自分の未来に大いに期待してみてください。

そして、一日一日、新しい自分に生まれ変わったつもりでスタートする。

できなかったことに、挑戦してみる。

失敗しても、学びに変える。

その姿勢が、神様を味方につけるのです。

未来の可能性を信じた行動は、即ち、あなたの魂の内にお鎮《しず》まりになる、神様を信じる心の表れだからです。

神社は運気の銀行のようなもの

ここで、神社参拝で願いをかなえる方法と、一般的な願望成就法の違いについて、お伝えしておきます。

昨今、精神世界や自己啓発《じこけいはつ》のブームもあり、さまざまな願望成就法が知られるようになりました。

そこで語られていることは、たいてい「自分の発した思い（エネルギー）はやがて自分に返ってくる」――つまり、強く願い続けたことは実現に向かうということです。

人の想念《そうねん》は、絶えず振動しながら波を発しています。

その波は共振して、同じ周波数を持つものを引き寄せるという法則があります。

つまり、人の想念は、ほしいものを引き寄せる魔法の力を持っているのです。

「これがほしい、あれがほしい」と強く願っているだけでも、エネルギーの波が出て、やがて現象化したり、物質化したりする。

そして、同じ周波数の者同士は惹《ひ》かれ合い、自分に似たものを引き寄せるということでもあります。

ですから、自分の発する思いの強さと方向性が大事なのです。

例えば、わかりやすい例を挙げますと、いつも愚痴《ぐち》や不平不満を言っている人がいたとしましょう。

すると、ネガティブなエネルギーの波長が広がって、愚痴や不平不満を言いたくなるような、出来事を引き起こしてしまうということです。

逆に、いつも感謝の気持ちでいると、感謝したくなるような嬉しい出来事が舞い込んでくるということになります。

ですから、自分の想念をいい状態に保つことは、いいこと、嬉しいことを引き寄せることに繋がるのです。

しかし、この想念の力に頼《たよ》りすぎると、思わぬ落とし穴にはまる危険性があります。
その理由を知るには、まず「運の法則」を理解しておかなければなりません。
そもそも「運」というのは、エネルギーの貯金のようなものです。
目に見えない世界に、あなたの運が貯金されているとイメージしてみてください。

プラスの貯金を「徳」といいます。

人生はこの徳をどのように使うかによって決まる、といっても過言ではありません。
しかし、多くの方が「徳の運用方法」をまったくご存じありません。
お金の運用方法は知らなかったら損をするので、多くの人が学ぼうとします。
一方、運については結果がすぐに目に見えないので、学ぶ方が少ないのでしょう。
けれど、これを知って生きるのと、知らずに生きるのとでは、雲泥《うんでい》の差があります。
ですから、ここからのお話はとても重要です。

まず、人は誰でも、持って生まれた「徳」があります。

資産家のもとに生まれる人もいれば、貧乏な家、借金を抱えた家に生まれる人もいるように、持って生まれてくる「徳」のエネルギーは、人によって違います。

「徳」は、目に見えない世界にある銀行に貯まっていきます。

そして、それを使うときには、目に見える世界に「徳」の貯金をおろしてくるようなイメージです（下図）。

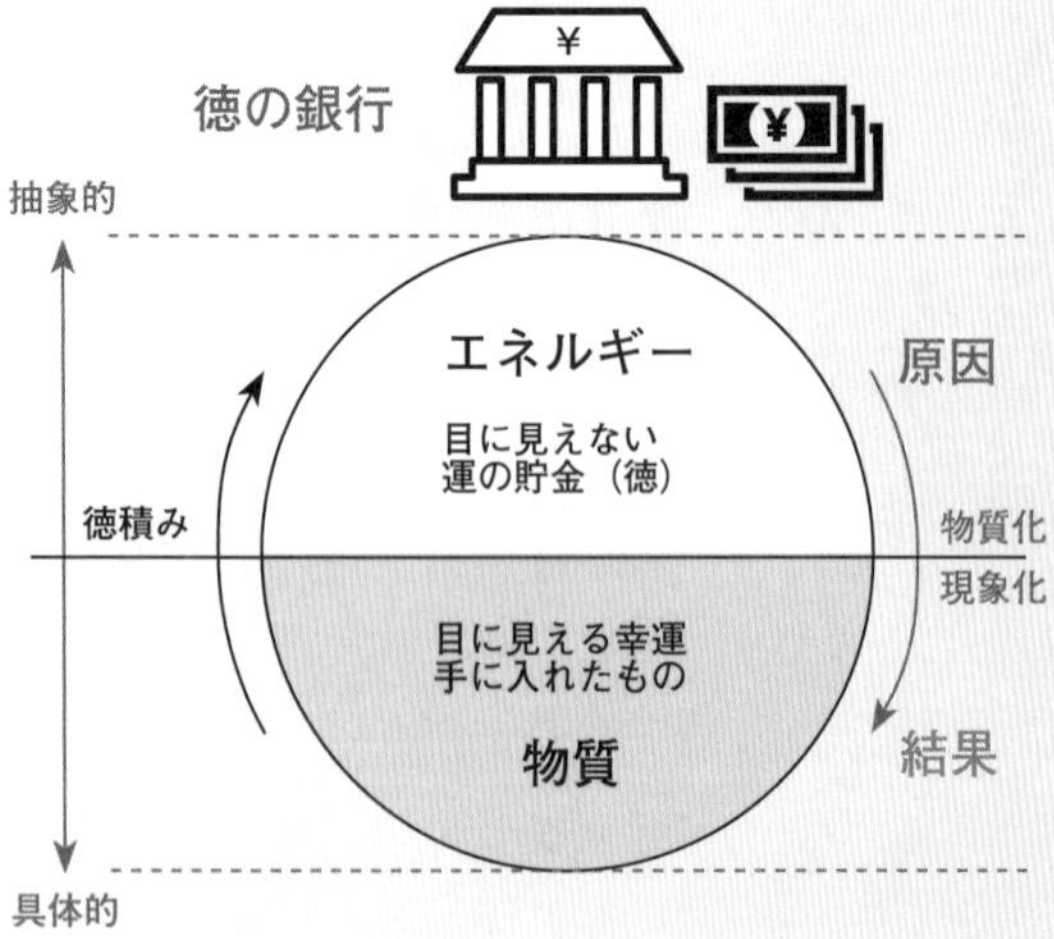

いいことがあったら、その分だけ運の貯金の「徳」を目に見える世界に「物質化・現象化」したということになります。

そのいいことが大きければ大きいほど、消費する「徳」の量も多くなります。

例えば、

「理想の男性と知り合いになる」というのに「徳」が一〇ポイント必要だとすると、「理想の男性とお付き合いする」というのが一〇〇ポイント、「理想の男性と結婚する」というのが一〇〇〇ポイント、といった具合に、物事が大きくなるほど、必要な「徳」の量も多くなるということです。

いい就職先が見つかる、臨時収入がある、いい出会いがある、すごい閃《ひらめ》きが降りてくる、才能が目覚める、スターになる、悟りを開く……といったように、あらゆるいい出来事は、それ相応の「徳」を消費して、現実化されているのです。

逆に、悪いこと、辛いこと、悲しいことが起こったら、それは、銀行にあったマイナスの借金が精算されたということです（マイナスの借金のことを「業《カルマ》」といいます）。

いずれにしても、あなたが目に見えない世界に蓄えていたエネルギーが現象化しただけで、その総量は変わりません（エネルギー保存の法則のように）。

このように、誰しも目に見えない銀行口座で、「徳」の貯金をやりくりしながら生きているのです。

先ほどの引き寄せの原理でいいますと、例えば、「〇〇がほしい、ほしい、ほしぃ……」と願い続けて、それが実際に手に入ったとしても、結局のところ、それまで貯めていた「徳」を切り崩しただけということになります。

だったら、引き寄せの法則を知っていても意味がないのでは？　と思われるかもしれませんが、そうではありません。

実は、多くの人は「徳」がせっかく貯まっても、自分がほしいもののために使うことができず、どうでもいいことに使ってしまっているのです。

お金にたとえるとわかりやすいでしょう。

いくらお金があっても、使い方がわからない人がいるのと同じです。

何を買っていいのかわからずに、ひたすら将来のために貯金しているとか、ムダに服や装飾品を買いあさって、心はぜんぜん満たされないとか、おいしいものを食べすぎて、身体を壊してしまうとか。

運の世界でも同じように、せっかく「徳」があるのに、ほしいものが手に入らなかったり、夢に近づけなかったりする人が多いのです。

だから、引き寄せの法則でよくいわれているように、望んでいることを明確にイメージすることや、具体的に書き出すことによって、「徳」のエネルギーが方向づけされて、効率よく願望成就に繋げることができるのです。

しかし、ここで一つ気をつけなければなりません。

自分の願いを「実現する、具現化する」ことばかりにフォーカスすると、「徳」を消費する一方になってしまいます。それでは、いずれ底をついてしまうのです。

表面的には上手くいっているように見える人でも、長年貯めてきた「徳」を切り崩しているだけで、実は目に見えない世界は借金まみれ、という場合もあります。

そういう人は、一時的には成功しても、「徳」が尽きた瞬間から、取り返しのつかないような不運の波に襲われます。

急に大病をして倒れるとか、信頼していた仲間に裏切られるとか、お金を騙しとられるとか、親族にトラブルが起きるとか。もしくは、現実は上手くいっているはずなのに、幸福感が感じられず、心が病んでしまうとか。

逆に、運が悪くて、損ばかりしている人でも、諦めず、腐ることなく、善行の道を貫けば、必ずいつか日の目を見るときがきます。

ちゃんと、世のため人のために尽くした分だけ、目に見えない世界に「徳」が貯まっているからです。

この運の流れを理解していれば、どんな出来事があっても、いちいち一喜一憂して振り回されることがなくなります。

上手くいったからといって調子に乗ったり、慢心したりもしなくなります。

思いどおりにいかないからといって、いちいち落ち込むこともなくなります。


人はつい、一攫千金や、たなぼた的な幸運が転がり込んでくることを期待してしまいがちです。けれど大切なことは、淡々と「徳」を貯めていくことです。

「徳」は、世のため、人のためになる〝善い行い〟をすれば貯まります。

これを「徳積み」といいます。

徳積みには、「陽徳《ようとく》」と「陰徳《いんとく》」の二種類があります。

陽徳とは、人の見ているところで積む徳のこと。

陰徳とは、まさに読んで字のごとく、陰《かげ》ながら積む徳のことです。
どちらが大切かというと、圧倒的に〝陰徳〟です。

たいていの人は、これ見よがしに善いことをして、「わたしがやったんだよ！」と、その功績を公《おおやけ》にしようとします。つまり陽徳です。

すると当然ながら、人から感謝されたり、注目を浴びたり、褒められたり、尊敬の眼差《まなざ》しを向けられたりしますから、せっかく積んだ徳が、自分の満足感に変わってしまって、相殺《そうさい》されてしまうのです。

それでは、「徳」が入ってきても貯金せず、その場で使い果たしているようなもの。いいえ、それどころか、感謝されたときの満足感の虜《とりこ》になって、もっと、もっと、と見返りを求めるうち、今まで積んだ徳さえ、消費してしまうこともあるのです。

「褒められたい」「認められたい」という、見返りを求める気持ちを捨てて、ただただ、誰かの幸せに奉仕する。下心を持たない。その姿勢があって初めて、徳は積まれていくのです。

あとは次のようなことを心がけるといいでしょう。

幸せはひとり占めせず、みんなにおすそわけする。
理不尽なことがあっても、文句を言わない。
自分だけが一人勝ちしすぎない。
お世話になった人に恩返しする。
使った場所は綺麗にする。
不満や悪口は言わず、いい言葉を使う。
身なり、所作、表情を美しくする。
めんどくさい仕事を率先してやる。
いい商品やサービスを扱っているお心のいい人にお金を使う。
陰ながら、人の幸せを祈る。

そのような生き方を心がけるからこそ、徳が貯まって、そのエネルギーがいい循環を生むのです。

徳積みで神様との信頼を築く

ここまで徳積みについてお伝えしてきましたが、自分なりに善行に励《はげ》んでも、貯金できる徳には限りがあります。

それだけでは、決められた運命を超えることは難しいのです。

そこで助けてくれるのが、神社の神様です。

もともとの運命を超えるような幸せにいたるには、神社の神様から徳を分けていただく必要があります。

神様からいただく徳のことを「天徳《てんとく》」といいます。

これは、個人が善行で積み重ねる徳とは、ケタ違いの量なのです。

いわば、事業を興《おこ》すために、銀行から融資してもらうようなもの。

コツコツ働いても決して貯まらない大きな「徳」を動かすことができます。

しかし、銀行に融資してもらうには、それまでの人生で積み上げてきた社会的信用が必要です。さらに、その事業がいかに素晴らしいもので、将来性があるのか、企画書を書いてプレゼンできなければ始まりません。


それは、神様に対しても同じなのです。

神社で莫大《ばくだい》な運のエネルギー「天徳」をいただくには、神様に信用されることです。

そのために、コツコツと善行を積み重ねることが大切なのです。

まじめにやったのに報《むく》われなかった努力も、手助けしたのに誰にも気づかれなかったことも、あなたが損してしまったことも、神様はちゃんと見てくれているものです。

「この人に天徳を渡せば、きっと世のため人のために使ってくれる」

神様から、そう信じていただけるような姿勢で、日々を過ごす。

すると、自力ではどれだけ努力しても貯めることができないような、莫大な運の貯金を預かることができるのです。


そして、いただいた天徳を、また世のため人のために還元していく。

自分が天徳のパイプ役になったようなイメージで、循環させていく。

それが、神様のお力を借りて願望をかなえ、幸せにいたる道なのです。

第二章

心身を清めるミソギハラエ

人生が変わらない最大の理由

本章は、『神社ノート』の秘伝をお伝えする前の、下準備となるお話です。

わたしは、大学時代から、占い師として活動していました。

当然ながら、はじめは、相手の生年月日を見ただけでは、的確にアドバイスすることなんてできませんでした。もちろん、暦の見方は勉強して知っているので、その人の性格も、いつ転機が訪れるのかも、まわりの人との相性も、わかります。けれど、実際に相談者の深い悩みに直面したときに、どうアドバイスすべきなのか、どんな方向に導くべきなのか、さっぱりわからなかったのです。

なんせ、社会経験もない若僧《わかぞう》なのに、自分の親より年上の経営者の悩みにお答えしたり、恋愛経験すらロクにないのに、離婚や子育ての相談を受けたりするのですから、普通に経験からモノを言っても、通用しないのは目に見えています。

なのにどうして、二十代の頃から占えるようになったのか？

それは、師匠・北極老人《ほっきょくろうじん》の感覚をウツしたからです。


憧れの人物の感覚をウツすのも、神様の感覚をウツすのも、基本は同じです。


わたしは占い鑑定の予約が入るたびに、暦を書いては北極老人のところに走りました。

そのたびに、何時間もアドバイスをいただいていたのです。

はじめは、「なんで、たった一枚の暦から、そんな話が出てくるの⁉」と、正直、訳《わけ》がわかりませんでしたが、とにかく深遠な話を毎回感動しながら聞いていました。

そして、ボイスレコーダーに録音した音声を書き起こして、何度も何度も聞いて、そっくりそのまま話せるようにしてから鑑定に臨んでいたのです。

そして、北極老人に成り代わったつもりで話しました。

数年間、これを欠かしたことは、一度もありませんでした。

わたしは、自分なりの鑑定ではなくて、究極に辿《たど》り着きたかったからです。

するとどうでしょう。一年、二年と続けているうちに、「北極老人なら、こうおっしゃるだろうな」と、暦を見ただけで、不思議と閃《ひらめ》くようになっていったのです。

もちろん最初は、感覚のズレがありましたが、毎回、対話を重ねていくうちにそのズレを微修正していき、打率を上げていきました。

理詰めで勉強していたら、どんな占いの奥義書を読んでも、今のように鑑定ができるようになるには、三十年以上かかっていたと、自分自身でも断言できます（それどころか、一生ムリだったかもしれません）。

師匠の感覚をウツしたから、最短ルートを歩めたのです。

ただし、感覚をウツすにも、土台となる基礎知識がなければ受けとることができませんから、北極老人がおすすめする入門書を七回以上反復して読み、徹底的に頭に叩き込みました。

画家もデザイナーも、作曲家もマンガ家も、新人はたいてい基礎の反復と、一流作品の模倣《もほう》から訓練します。

本当の創造性、自分らしさ、オリジナリティーが開花するのは、それが完全にできるようになってからです。

自分で考えずにマネするだけで上達するの？　と思われがちですが、自分なりの感覚をいったん捨てたからこそ、入ってくるものがあるのです。

むしろ、高い感覚をウツすときに邪魔になるのが、

「自分なりの……」という感覚なのです。

自分なりの、こだわり。
自分なりの、やり方。
自分なりの、がんばり。
すなわち、過去への執着。

これが、感覚のインストールを阻みます。

この執着という曲者《くせもの》は、経験を積めば積むほど、形成されていくものですから、中途半端に経験があるより、むしろ素人のほうが、感覚をウツすのが早かったりします。

もちろん、経験すべてを否定するわけではありません。

しかし、どうしても経験の過程で、さまざまな不純物がくっついて、心身にツミケガレが溜《た》まってしまうことがあるのです。

神様とお近づきになろうと思っても、そのケガレが妨《さまた》げになってしまうと、高い感覚をインストールすることができません。そこで本章では、ツミケガレを祓《はら》って、いつも清らかな自分でいるための習慣をお伝えします。

なぜ、ミソギハラエが必要なのか？

神様とお近づきになるために欠かせないのが、〝ミソギハラエ〟です。

〝ミソギ〟とは、〝身〟を清めること。
〝ハラエ〟とは、〝心〟を清めることです。

ミソギの言霊《ことだま》は、〝身削《みそ》ぎ〟を表しています。
身体に染みついている古い価値観を削ぎ落とす、という意味です。
ミソギハラエにより、健気で、素直で、真っ白な感覚に近づけるのです。
そんな生まれたての赤子のような感覚を、〝**産心**《うぶごころ》〟と呼びます。

神様に愛され、幸せな感覚を授かる条件とは、どれだけ経験を重ねても、偉くなっても、有名になっても、お金持ちになっても、初心を忘れないこと。

産心であり続けることが大切です。

しかし、人は生きていると、さまざまな不純物によって、純粋無垢《むく》な御魂《みたま》が覆《おお》い隠されてしまうのです。

不純物とは、さまざまな〝思い込み〟のこと。

わたしたちは、歳をとるにつれ、さまざまな思い込みや固定観念を身につけていきます。

その思い込みのせいで、行動にブレーキがかかってしまったり、ネガティブな考え方から抜け出せなかったりするのです。

例えば……、

・親の言うことを聞かないのは悪いこと（道徳観）
・お金を稼がなければ、幸せになれない（お金への幻想）
・○歳までには結婚しなければ、幸せになれない（結婚への幻想）

・今の安定した生活が崩れることが怖い（安定志向）
・成果を出せないヤツは、ダメな人間だ（結果主義）
・学歴が高いほうが、幸せになれる（学歴信仰）

といったものも、代表的な思い込みです。

とりわけ厄介《やっかい》なのが、幼少期に親との関係の中で作られた思い込みです。

これを心理学の世界では、**リミッティング・ビリーフ**（自分に制限をかける思い込み）といいます。

誰でも、生まれたての頃は、素直で純粋です。

けれど、成長するにつれて、より多くの愛情をもらうために、たとえ本心でなくても、お父さん、お母さんの期待にこたえるような言動をするようになるのです。

そして、親だけではなく、学校の先生からも、先輩からも、友人からも、世間からも、認められるような〝偽《いつわ》りの自分〟を作り出していきます。

すると、知らず知らずのうちに、〝あるがままの自分〟で生きてはいけない、という思い込みが形成されていきます。
大人になった頃にはすっかりそれと同化してしまい、〝偽りの自分〟こそが本当の自分なのだと信じて疑わなくなってしまうのです。

しかし、心の奥では、
・まわりの人の顔色を気にする自分
・他人のために自己犠牲的になる自分
・言いたいことが言えない自分
に対して、違和感が残る。

それが、**不幸《ふしあわ》せの原因**となっていくのです。

その状態で神様に願いを立てたとしても、
「わたしは、○○がないと幸せになれない……」
「わたしは、○○であらねばならない……」

といった思い込みにもとづいた願いを発するから、なかなか真の幸福に辿り着くことができません。

逆に、思い込みが強化される恐れすらあるのです。

思い込みというものは、長い年月をかけて蓄積《ちくせき》したものです。

そのため、自覚できない意識の深いところに潜伏《せんぷく》しています。

心理学の世界では、人の意識は三つの層に分けることができるといわれています。

- **顕在意識《けんざいいしき》（思考・感情）**
- **潜在意識《せんざいいしき》（感覚・性格）**
- **無意識（すべてに繋がる意識）**

分析心理学を創始した、スイスの精神科医ユングは、この三層の意識を、海に浮かぶ氷山にたとえました。

自分で認識できている意識、つまり頭で考えていることを**顕在意識**といいます。

その下に潜んでいる、普段は自覚していない意識を**潜在意識**といいます。


好き嫌い、損得、勝ち負けの基準、愛憎の衝動などを決めるのは潜在意識です。

人によって違う当たり前の感覚、得意・不得意という感覚、なんとなくおこなっている行動の違い、考え方のクセ、気分なども、すべて潜在意識が決めています。

わたしたち人間の行動は、なんと九割以上が、この潜在意識によって決められているといわれています。


そして、その奥にある無意識のさらに奥に〝魂〟があります。

ここは、次ページの氷山の図でいうと、海の部分にあたります。

つまり〝魂〟は、その根底で、全人類みんなと繋がっているのです。

〝魂〟は、もともと神様から分け与えていただいたもの。

ですから、ここには神様の記憶が眠っているのです。

本当の神社参拝をすると、その記憶が呼び起こされます。

すると、眠っていた目的意識が、目覚めてくるのです。

ところが、潜在意識が強い思い込みに支配されていると、それにブロックされてしまい、〝魂〟の記憶が浮かび上がってこないのです。

だから、神社参拝の前には、ミソギハラエによって、顕在意識はもちろんのこと、潜在意識までクリーニングすることが大切なのです。

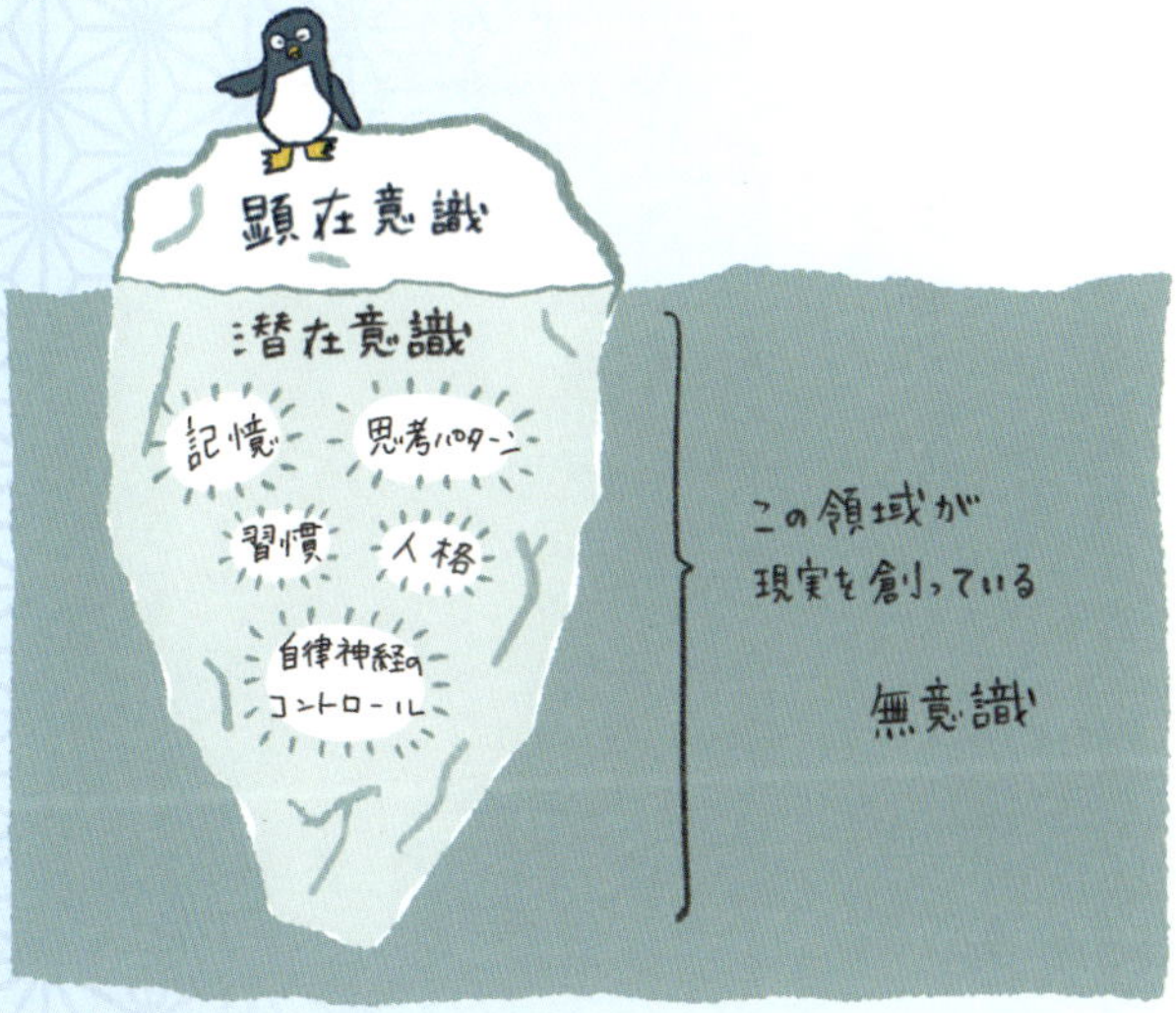

神様に愛される二つの習慣

では、どうすれば潜在意識をクリーニングできるのでしょう？

重要なのは、〝習慣〟を変えることです。

習慣こそが潜在意識を書き換えるカギになるのです。


人の〝当たり前の感覚〟を決めているのが潜在意識です。

逆にいえば、自分にとっての〝当たり前〟を変えてしまえば、潜在意識を説得することができます。

その最短ルートが、いつも当たり前にやっている行動を変えること。

例えば、多くの人にとって「朝起きたら、歯を磨く」というのは当たり前のことです。それが当たり前だと感じるのは、幼い頃から、ずっと続けてきたことだからです。

同じように、小さなことでも続けていくと、それが習慣になり、それをすることが〝当たり前〟になり、セルフイメージも書き換えられていくのです。

ですから、幸せになりたければ、幸せに生きている人が実際に、

・意識せずにやっている習慣
・なんとなくやっている習慣
・当たり前にやっている習慣

を、そっくりそのまま、まずはやってみることです。

それによって、潜在意識に蓄積したさまざまな思い込みがクリーニングされていき、健気で、純粋な、産心に戻ることができるのです。

ではここから、潜在意識をクリーニングするためにおすすめの習慣を紹介します。

それが、**「浄化」「掃除」の二つの習慣**です。

どれも実践するうちに、感覚が高まり、願いが通じやすくなります。

できることから、まずは二十一日間、続けてみてください。

なぜ二十一日かといえば、「二十一」という数には潜在意識を書き換える不思議な働きがあるからです。そして、二十一日間続けることができれば、その習慣が当たり前になって、元の自分に戻りにくくなります。

昔の日本人はそのことを知ってか知らずか、運命を変えようと思ったときに、二十一日祈願といって、二十一日間連続で神社にお参りしたそうです。

潜在意識をクリーニングして、まさに産心そのものになって神社にお参りする感覚を、ぜひ、味わっていただきたいと思います。

きっと、これまでの神社参拝とは比べようもないほどの歓喜が、あなたの中に流入してくることでしょう。

習慣1　水と火の浄化で邪気を祓う

神様は、邪気を嫌います。
邪気は、ヨガ、アーユルヴェーダ、中医学、導引術《どういんじゅつ》においては病気の原因と考えられ、運命学においては不運の原因だと考えられています。

神道では、さまざまな手法で〝ツミケガレ〟を祓いますが、〝ツミ〟とはまさに、邪気が積み重なった状態ともいえるでしょう。

邪気が心身に侵入するとどうなるか？

・感情が乱れやすくなり、思考も冴《さ》えなくなる
・行動が鈍ったり、異常に眠くなったりする

・身体のどこかに、不調が起こる（いずれ病気やケガにいたる）
・マイナス思考になり、運気が下がる
・他人の運気、やる気、根気、積極性を奪う人になる
・他人のせいにしたり、悪口を言ったり、噂話を好む人になる
・八方美人的で、人の評価ばかり気にする人になる

世間には邪気が溢《あふ》れています。
多くの人は、知らず知らずのうちに、邪気に影響されて、イライラしたり、ささいなことで心がかき乱されたり、他人の目が気になったり、不安になったり、うつっぽくなったりしているのです。

例えば、こんな経験はないでしょうか？

・他人の愚痴《ぐち》や不平不満を聞いているうちに、自分も落ち込んでしまった
・他人の相談に乗っているうちに、気持ちが重くなった

・ガヤガヤした繁華街を歩いていたら、ドッと疲れてしまった

なぜ、そうなってしまうのか？　それは、他人が抱えている邪気が、こちらに伝染してしまうからです。それはまるで、タバコの煙のように、空気中をぷかぷかと漂い、気がつけば、衣服にタバコの臭いが染みつくようなイメージです。

もともとは愚痴や不満がなくても、その邪気に触れると感染・感応して、愚痴や不満を言いたくなってしまうのです。

ですから、どんなに「善かれ」と思っても、うかつに他人の相談に乗ってしまうと、邪気の被害者になってしまいますから、要注意です。

まじめで、相手に合わせられる、心優しき人ほど、邪気は伝染《うつ》りやすいのです。

邪気を心身からできる限り抜かなければ、神様からの功徳《くどく》を受けとることはできませんし、自分の本当の願いも、わからなくなってしまいます。

まずは邪気を受けないように気をつけることが重要です。

邪気が伝染しやすいルートは、「人、食べ物、情報」など。

これらには特に気をつけてください。

・ネガティブな人、根性の悪い人、愚痴や不満の多い人とは、なるべく関わらない
・ジャンクフード、添加物、悪想念《あくそうねん》のこもった料理は食べない
・雰囲気の暗い場所、汚い場所、欲深い人の集まる場所には立ち入らない
・悪意や恨《うら》みを含んだ情報、噂話、ゴシップは見ない、聞かない、気にしない

とはいえ、実際のところ、山奥の聖地にでも暮らしていない限り、まったく邪気を受けずに生活することは不可能です。ですから、邪気が溜まらないよう、心身の浄化に努めることが大事なのです。

〝その日のケガレは、その日のうちに〟を心がけ、浄化を習慣化しましょう。

浄化にはさまざまな方法があります。そして、方法によって取り除ける邪気の種類も違います。ご自身のライフスタイルに合わせて、実践できることから取り入れていってください。

浄化法①　手を清める

清浄であり続けるために、日本人はみな、水を使って、さまざまな浄化をおこなってきました。神社のお手水《てみず》も、いわば神様に会う前の浄化の儀式です。邪気を取り除くことで心身が浄化され、自分自身がクリアであるほど、神様の感覚をインストールしやすくなります。

手というのはいろいろなものに触れるため、邪気がつきやすい部分です。

また、手の指というのは、手相学では、宇宙の気を吸収し、身体に取り入れていくアンテナのような働きをするといわれています。左手が吸収、右手が放出です。

清めた状態で、手を合わせて祈ると、身体の左半分と右半分の気が循環して、神社で受けた神気が心身に行き渡ります。神社で、参拝前にお手水で手を清めるのには、そのような意味があるのです。

そして、わたしがおすすめするのは、日常の中でも〝お手水をするような気持ち〟

で手を清めるということです。

単に〝手を洗う〟という、誰でもやっていることですが、意識化して、儀式のようにおこなうことで、すごい変化が起こります。実際にやってみると、疲れにくくなったり、集中力が持続したり、イライラしなくなったり、きっとその違いに驚くはず。

こんなお話があります。

レストランのサービス（給仕）の腕を競う世界大会で、日本人初の世界一となった宮崎辰《みやざきしん》さん。彼は、メートル・ドテル（給仕長）として活躍しています。一流のサービスマンは、ホールのお客様全員の表情やしぐさ、食事の進み具合、会話の雰囲気など、ありとあらゆることに気を配り、即座に的確な判断をしなければなりません。

宮崎さんは、その集中力を保つために、あることを決めているそうです。

それは、**「仕事のわずかな合間を見計らって一時間に一回手を洗う」**ということ。

これって……。そう、まさにお手水です。

まさか、サービスで世界一になった秘訣に〝お手水〟があるなんて、という驚きとともに、納得もした次第です。接客業というのは、えてして人のさまざまな〝気〟を受けやすい仕事ですから、邪気による悪影響も免《まぬが》れられません。

手についた邪気を放っておくと、集中力や判断力が低下します。

手の邪気が食器に伝染ると、食器を割ってしまうこともあります。

だから、手を清めることが欠かせないのです。

お手水をするときのポイントは、流水で両手を綺麗に洗ったあと、残った邪気を払うようなイメージで、手を振って水を切ることです。さらに、片方の手で、もう片方の腕を肩から指先まで撫《な》でて、邪気を追い出しましょう。これは「パス」というヨガの浄化法です。

手から邪気が抜けて、すっきりした感覚になるまでおこなってください。

浄化法②　火の瞑想

水の次は、ロウソクの炎を使った浄化法「**火の瞑想**」を紹介します。
やり方は、簡単。用意するのは、ロウソク一本だけです。

目の前にロウソクを置いて火をつけ、リラックスできる、楽な姿勢で座ります。背筋をまっすぐに伸ばし、深くゆっくりと呼吸しながら、吸う息と吐く息を意識します。
次に、ロウソクの炎がゆらゆら揺れているのを、ぼーっと眺めます。

ここから、イメージを使った瞑想に移ります。

ロウソクの炎が眉間《みけん》を通って、すーっと頭の中に入り込み、脳内で燃えているところを想像します。

脳内で揺れる炎によって、頭の中にある「思考の乱れ（ネガティブな記憶、悩み、葛藤、心配事など）」が、次々に燃やされていきます。思考の乱れが消えていくと同時に、脳内が光り輝いていきます。

脳内が光でいっぱいに満たされた、と感じたなら、脳内にある炎を、ハート（胸の中心）に向かって、ゆっくりと下ろしていきます。

心に到着した炎は、心の中にある「感情の鬱積《うっせき》（ネガティブな印象、恨み、嫉妬《しっと》、怒り、不満、不安、イライラなど）」を、次々に燃やしていきます。

感情の鬱積が消えていくたびに、心は明るく、軽くなっていき、心の中が光り輝いていきます。

頭と心が、光で満たされたら、その光を全身の隅々《すみずみ》まで広げます。そして、内なる光が体外へと溢れ出し、自分のまわりが光で包まれていきます。

その光の輪は、どこまでも大きくなり……、大切な人、家族、友人、知人、苦手なあの人たち、まだ見ぬ人たち、命あるすべてのものも、光の中に包み込まれていきます。

やがて、その光は、全世界へと広がっていきます。

そして、光に包まれた世界の中心に、自分がいることを感じます。

ここまでイメージできたなら、ゆっくりと目を開けます。


火の瞑想のポイントは、ありありとイメージすること。

そして、自分の身体を意識して、ちゃんと感じることです。

習慣2　静寂が訪れるまで掃除する

神様は、邪気のない、清らかな空間を好みます。

ですから、日頃から掃除、整理整頓を大切にする人ほど、神様からの応援を受けやすくなります。

自分が使っている空間は、自分の映し鏡のようなもの。

「空間」を見れば、その「人」がわかります。

今の考え方も、気持ちも、すべて映ります。

逆に考えると、目の前の空間を掃除して、整えるということは、自分の考え方、気持ちを切り替えるための最も簡単な方法の一つなのです。

何かに執着して苦しんでいる人は、決まってタンスや押入れの奥に、捨てられない品々を、たんまり溜め込んでしまっているはずです。

その思いをスッパリと断ち切るようにそれらを捨てて整理すると、「あれ、今まで何にこだわっていたのだろう……」と、気持ちが軽くなります。

「勿体《もったい》なくて、モノが捨てられない……」という人も多くいます。

けれど、捨てられないモノのせいで、部屋は邪気化して、運気は下がって、エネルギーは溜まらず、睡眠は浅くなり、判断力は鈍り、直感力は失われて、大事なご縁もキャッチできなくなり、せっかくの願いも神様に通じない……。

なんにもいいことがありません。

勿体《もったい》ないの〝勿体〟とは、仏教用語で「モノの本来あるべき姿」のことです。

つまり、「勿体ない」とは、本来の姿が失われた状態のこと。

モノを捨てること以上に、部屋が過去の思い込みの巣窟《そうくつ》になって、〝あるがままの自分〟を失うことのほうが、何より勿体ないことでしょう。

そのことに本心から気づけたら、モノを捨てることができるようになります。

古いモノを捨てるというのは、新しい自分に生まれ変わるという、神様への決意表

明です。その姿勢に応じて、神様の功徳はいただけるものです。
わたしは北極老人から、神事よりも、占いよりも、まずはじめに掃除を教わりました。

そのココロは……？

・霊界を掃き清めるつもりで、掃除する
・神様の通り道を綺麗にするつもりで、掃除する
・神様からメッセージをいただくつもりで、掃除する

このような心で掃除を続けると、たとえ自宅やオフィスであろうとも、神聖でおごそかな、まるで神社のような空気が漂うようになります。
もともとわたしも、決して掃除が得意ではありませんでした。けれど、掃除が神様に通じる最もシンプルな秘訣だと知って以来、掃除で悟りを開いた釈迦の弟子・周利槃特《しゅりはんどく》のごとく、「ありがとうございます」と繰り返したり、祝《のり》

詞《と》を唱えたりしながら、掃除に明け暮れたものです。

自分と、目の前のそれと、空間とが一つになって、自分が掃除しているのか、掃除されているのか、わからなくなるくらいまで、一心不乱に。

あの清々しさと、心地よい疲労感と、至上の〝一体感〟を一度でも味わったら、「掃除が嫌い」だなんて、一切、頭の片隅にも浮かばないようになったのです。


真の掃除をすると、あなたの部屋が、神域になっていきます。

日常が神社参拝になり、神様との距離がグッと近くなるのです。


神様をお招きする掃除の仕方については、拙著『おうち神社化計画』シリーズ（エムディエヌコーポレーション）にて、詳しくご紹介しています。ぜひ、そちらもあわせてお読みください。あなたの部屋が神社化されれば、この『神社ノート』の功徳も、さらに倍増するでしょう。

第三章

願いをかなえる『神社ノート』の秘密

願いをかなえる『神社ノート』とは？

いよいよ、ここからが本書のメインテーマです。

巻末（三一九ページ）に付属している『神社ノート』の秘密に迫ります。

『神社ノート』には、背後にうっすらと墨文字のような文様が入っています。

これは、わたしの師匠・北極老人《ほっきょくろうじん》が特別な方法でお書きになった、神様の神気を再現する護符《ごふ》であり、いわゆる〝結界〟の働きをするものです。

そもそも神社といえば、朱塗《しゅぬ》りの鳥居や、立派なお社《やしろ》をイメージする人が多いと思いますが、そのような、いわゆる神社のイメージが作られたのは、ここ千数百年くらいのお話です。もっと古くから、永い歴史を持つ日本人の信仰は、「古神道《こしんとう》」と呼ばれる、一種の精霊信仰《アニミズム》であって、その本質は「自然は神なり」という考え方にあります。

山も海も、花も草木も、太陽も月も、カシオペアも北極星も。

雨風や雷も、地震や津波も、素粒子や微生物も、宇宙はすべて神様なのです。

そして、日本の各地には、古来それら自然のエネルギーが凝結している聖地がありました。それはいわば、神様との通《かよ》い路《じ》がある場所なのです。

よく、「神社の鳥居の目前で津波が止まった！」とか、「大地震があったのに、この神社だけ倒れなかった」というお話がありますが、それはもともと、神社が特別な土地を選んで建てられているからなのです。

その地を風水師が見極め、邪気邪霊《じゃきじゃれい》、魔物や低級霊に侵《おか》されないように結界というバリアで守ったことが、神社の始まりです。

もともと風水とは、「聖地を見極める技術」であり、さらにいうならば、**「神様との通い路を降ろす技術」**だったのです。わたしが北極老人より教わった日本式風水を活用すれば、自宅に結界を張り、さながら神社のような聖地にすることもできます。

そして、それを〝紙〟の上で実現したのが、本書の神社ノートです。


つまり、このノートを開くだけで、いつでも、何度でも、神社に参拝することができるのです。

そして、まるで神様との交換日記のように、あなたがここに書いたことは神様のもとへ届きます。

毎日、書いては祈り、祈っては書く。それを基本にする。

すると必ず、あなたの発願《ほつがん》に応じて、メッセージが返ってくるようになります。

そのような対話を通じて、二十四時間、寝ても覚めても、オールウェイズ、神様とともにいる感覚になれたら、そのときすでにあなたは、神様の導きにより最高の未来へと進み始めているでしょう。

なぜ、書くことで願いがかなうのか？

実は、願望実現力を何倍にも増す祈り方があります。

それが〝願いを書く〟ということです。

神社で、神様に願いごとをすることを願立て、発願《ほつがん》、祈願などといいます。

ここでは「祈願」としましょう。

しかし実のところ、ほとんどの参拝者は、正しい祈願ができておりません。

祈願とは、単に「あれがほしい、こうなってほしい」と、神様に願望を投げることではありません。

神様に〝問い〟を投げることです。

神社参拝をすることによって、その〝問い〟に対する〝答え〟を神様が返してくれる。その対話をすることが神社参拝の醍醐《だいご》味なのです。神社でおみくじを引くときにも、「今、こういうことで悩んでいるので、進むべき方向を教えてください」とか「こんな夢をかなえたいので、アドバイスをください」とか、なんらかの祈願をしてから、おみくじを引くことで、自分に必要なメッセージを授かることができるのです。

ところが、普段から〝問い〟を持って生きている人は極めて少ないのです。

なぜ、そうなってしまうのか？

それは、〝書かないから〟です。

書くとは、〝言語化する〟ということです。

あなたが神様に望むことがあっても、それを言語化せずにいると、脳内にひしめく雑念に埋もれて、大事な問いが見えなくなってしまいます。たとえＩＱが二〇〇あっても、堂々めぐりになるだけで、問いが深まっていきません。だから、頭の中だけで考えていると、いざ神社参拝するにしても、そのときの気分で「あれがほしい、こうなってほしい」とお願いするだけになってしまうのです。

それはもはや〝祈願〟ではなく、単に〝欲求〟を並べているようなものです。

自分の願いを書いていると、頭の中でぼんやり考えているだけの願いが、言語化されます。すると思考も整理されて、自分でも思いもよらないような、〝本当の願い〟が発掘されたりするものです。


わたしたちは、生きているといろいろな〝問い〟が生まれます。

「どうしたら、いい恋愛ができるんだろう？」

「運命の出会いは、いつ訪れるんだろう？」

「わたしの一番の魅力って、なんだろう？」

「なんのために、わたしは生まれてきたんだろう？」

「どうすれば、世界から無益な争いがなくなるのだろう？」

人によって、問いのレベルはまちまちですが、「それくらい自分で考えたらわかるでしょ」という低レベルな問いには、神様も取り合ってくれませんから、いかに日常の中で問いを深めていくかが大切なのです。

そして神様は、学校や塾の熱血教師のように、〝いい質問〟を持ってくる生徒には、とことん熱く、返してくれるものです。

天才発明家アインシュタインは、「時空とは？」を問い続け、相対性理論を閃《ひらめ》き、天才画家ピカソは、「人はなぜ争うのか？」を問い続け、名画ゲルニカを描き、天才音楽家モーツァルトは、「愛とは？」を問い続け、数百の名曲を残しました。

ただ漫然《まんぜん》と生きている人のところに、革新的なアイデアや、美しいヴィジョンやメロディが降りてくるはずはありません。不問の問いがあるからこそ、天から与えられるのです。それは、閃きに限らず、ご縁や、チャンス、タイミングといった、あらゆる天の恵みにもいえることなのです。

ですから、ぜひ神社ノートに、あなたの願いを書き続けていくことで、問いを深めていただきたいのです。

それを続けていると、「あ、これは神様からのメッセージだ！」と思えるような出来事が、目の前に起こってくるようになるのです。

神様は、姿かたちもなければ、声も発しません。その代わりに、あなたのまわりの人や、偶然の出来事を通じて、メッセージを届けてくれるのです。

一つ、わかりやすい例をご紹介しましょう。

わたしの友人は、ある神社で「これからの人生のために、今の仕事を続けるべきか、やめるべきか、どうかお教えください。メッセージをください」と熱烈にお祈りしていました。すると、その帰り道に、酔っぱらいのおじさんに出くわしたそうです。

そのおじさんが、目の前を通りかかったとき、大きな声でこう叫びました。

「やめろぉ〜！　やめちまえぇ〜！」と。

もちろん、傍《はた》から見れば、ただの酔っぱらいのたわ言なのですが、その友人にとっては、神様からのメッセージだったのです。

その彼は、勇気を持って会社に辞表を出して、それから運命が開けていきました。

だいたい、神様からの答えがやってくるときは、二つ三つ重なって、同じメッセージがやってくるものです。

一つのメッセージだけで判断すると、早合点《はやがてん》したり、自分にとって都合がいいように勝手に解釈しがちなので、神様と会話のキャッチボールをするようなイメージで、日常の中からメッセージを拾い集めていくことが大切です。

そして、そのように意識のアンテナを張って過ごしていると、人との接し方や、仕事の取り組み方など、行動も変わります。

書いて祈願するだけで、自ずと神様との心理的距離が近づいていくでしょう。

『神社ノート』で〝真の願い〟に出会う

北極老人には、『神社ノート』のアイデアの元になった原体験があったそうです。

それはまだ、北極老人が少年（中学三年生）だった頃。

実は北極少年は幼少期からすごい霊感体質で、さまざまな霊現象に苦しめられていました。

幽霊や生霊《いきりょう》が視えすぎたり、

夢で霊界にトリップしたり、

何者かに、あの世に連れ去られそうになったり。

しかも身体が弱くて、しょっちゅう高熱にうなされていました。

それでいて、この世の不条理には、相手がどんなに強くても立ち向かって、弱い者を守ろうとする性分《しょうぶん》だったので、地元のヤンキーにも目をつけられて、マジで命の危険を感じるほどだったとか……！

そんな北極少年が抱える、さまざまな悩みは、当然ながらまわりの大人にも理解されず……。部屋でひとり、泣いていることもあったそうです。

そんなとき、いつも北極少年の支えとなる存在がありました。

母親が、北極少年の部屋に飾っていた〝救世観音《ぐぜかんのん》〟の像です。

救世観音といえば、かの有名な聖徳太子《しょうとくたいし》があつく信仰し、自らの顔に似せて像を作ったとされる観音様《かんのんさま》です。

ある日、どうしようもなく苦しくなって、北極少年はその観音像を抱きかかえて、泣いていました。すると、包み込むような安心感に抱かれて、苦しみが癒えていったのです。

そのとき北極少年は、小さなメモに願いを書いて、観音像の内側にセロハンテープでペタッと貼りつけておいたそうです。なんだか気持ちが落ち着いた北極少年は「もうちょっとがんばってみよう」と思い直して、いつしか願いを書いたことなんて、すっかり忘れていました。

数年後――高校生になった北極少年は、また泣きたくなるような心境になったとき、壁に飾られた救世観音像に手を伸ばし、そっと抱きかかえたのです。

すると、ヒラヒラ、何やら一枚の紙が落ちました。「なんだろう？」と思って拾い上げると、それは数年前に、願いを書いたメモだったのです。

書いたことすら、すっかり忘れていました。

そこに書かれていた四つの願い事は……、

学年一の美女とデートする

英語が得意になる

体重を六十五キロに減量する（中学生のときは九十キロ）

将棋が学年一強くなる

これを見て、北極少年は愕然《がくぜん》とします。

それらの願いは、ぜんぶ見事にかなっていたからです！


ただし、北極少年はかなっていたことに驚いたのではありません。

ぜんぶかなっているにもかかわらず、今の自分はこんなに苦しい！ ということに愕然としたのです。「かなったのに、この有様か⁉」と。


どうしてかなっているのに、今、こんなに苦しいんだろう？

そう考えたときに、北極少年は、悩みの根っこにある、さまざまな〝欲〟に気づきました。

振り返ってみると、中学生のときに書いた願いは、とても純粋で、ある意味〝欲〟がないのです。

だって、もっと欲を出すなら、

「学年一の美女とデート」じゃなくて「大好きな◯◯さんと付き合う」とか、

「英語が得意になる」じゃなくて「主要科目ぜんぶ全国一位になる」とか、書いてもよかったはずなのに、中学生の頃の自分は、そう書かなかった。

逆に、高校生になった頃には恋愛感情が出てきて、「あの子と付き合いたい」「ほかの男子にとられたくない」とか、まわりの大人から進路についてあれこれ言われて、「もっと数学が得意にならなきゃ」「負けてられない……」と、いろんな〝欲〟が生まれてきていた。だから、こんなに苦しかったのだと気づいたのです。

実際、学年一の美女とは、何度もデートしたし、まわりの友達からも「あの二人って、付き合ってるの？」と思われるくらい、仲が良かったのです。それなのに苦しいなんて、何かがおかしい。そう気づいたときには、もう苦しみの大半はなくなっていました。

そこで北極少年は、「願いがかなうこと」と「幸せになること」とは、まったく別だということを悟ります。

誰しも「この願いさえかなえば幸せになれるのに……」と思うことはあるでしょう。

けれど、人はときとして、〝願い〟という名の〝エゴ〟や〝執着〟を持つゆえに、苦しむ場合があります。むしろそれが、幸せを遠ざける要因になってしまうのです。


だから、**真の幸福に近づくためには、ときに願いを〝手放す〟ことが必要**です。


救世観音像は、北極少年にあえて回り道をさせることで、その気づきを促したということでしょう。

のちに北極老人に教えていただきましたが、その救世観音像は、家宝として伝えられたもので、その内部が特別な〝神域〟を形成していたそうです。

だから、その像の中に貼ったメモは、神社で熱烈に願いを発したかのごとく、実現力を帯びたのです。そのときの体験に着想を得て、この『神社ノート』が生まれたとのことでした。

この『神社ノート』は、あなたの〝真の願い〟をかなえる力を宿しています。
では〝真の願い〟とは、なんでしょうか？

どれだけお金を積まれても、これだけは譲れない願い。
一時的なものではなく、一生涯を通してかなえたい願い。
これこそがわたしの天命《てんめい》だ！と、迷いなく言える願い。
このためなら、命を懸けても惜しくない、と思える願い。

それはもはや、〝エゴ〟や〝執着〟とはかけ離れた世界といえるでしょう。そのような〝真の願い〟に辿り着くことができたなら、その人は間違いなく幸せです。

もちろん、一足飛びにそこへ辿り着くことはできませんから、それまでたくさんの回り道をするかもしれません。けれど最終的には、それらの遠回りもすべて必要だった！という人生へと導くのが、神様のお働きといえるでしょう。

人は誰でも、成長とともに願望が進化していきます。

はじめは、ささいな願いでも、ちょっとくらいエゴにまみれた願いでも構いません から、どんどん『神社ノート』に書いていってください。

日々、書き続けていると、はじめに書いていた願い事に違和感を覚え始めたりする でしょう。

「以前に書いた夢は、やっぱり違うな……」

「もっとこう書き換えたほうがいいな」

と思ったら、気にすることなく書き直して大丈夫です。

キャンセルしたい願いごとがあれば、斜線を引いて消すようにしてください。


この『神社ノート』の真骨頂《しんこっちょう》は、日々、願望を進化させていくところにあります。

進化とは、エゴから離れて、より神様の感覚に近づいていくことです。

言い換えるなら、〝わたしのため〟だけの願望に飽きて、より大きな〝みんなのため〟の願望に目覚めていくことです。より大きな願望に目覚めるほど、あなた自身の幸せも大きくなります。

自分の願いと、まわりのみんなの願いが一致したら、まわりのみんなからも、自然と応援されるようになるでしょう。

さらに、自分の願いと、神様の願いが一致したら、神様から応援されるようになるのです。

大切なことは、一度、書いた願いに執着しないことです。

願いを書いたとしても、「この願いをかなえるかどうかは、すべて神様にお任せします」という気持ちで、エゴを手放す。

書いては、手放す。書いては、手放す。この繰り返しです。

そのようにして、神様に問いかけ、語りかけ、祈り続ける日々の中で、願いをレベルアップさせていきましょう。

第四章

神社ノートを使った祈り方

そもそも「祈り」とは？

本章では『神社ノート』を活用した祈り方をお伝えします。

「祈り」といえば、神社や神棚の前で、なんとなく手を合わせている方が多いようです。それもそのはず、どのような心持ちで、どのような言葉で祈るといいのか、教わる機会がほとんどないからです。

「祈り」の本質は、その言霊《ことだま》（音の響き）に表されています。

「祈り」とは「意《い》＋のり」です。
「意」というのは、あなたの「意思」であり「イメージ」のことです。
「のり」は「乗り」であり「宣《の》り（言葉で宣言すること）」です。

つまり「祈り」とは、「イメージを言葉に乗せて神様に届ける」ということ。どのようなイメージを込めるか、によって、祈りの質が決まるといってもいいでしょう。


昨今ではYouTubeをはじめとする、さまざまなSNSで、

「この祈りの言葉が最強のマントラです」

「この呪文を、この日時に唱えるだけで開運する」

といったような発信がバズって、いろんな祈り方が紹介されることもあります。

けれど、ハッキリ申し上げて、ほとんどが単なるウケ狙いだと感じます。


祈りは〝形式〟よりも、〝中身〟が大切だからです。

同じような言葉や姿勢でお祈りしても、頭の中が欲や雑念でいっぱいだったら祈りにはなりません。その違いは、祈る人が醸《かも》し出す〝空気感〟にすべて表れます。

人の脳内には、一日約十万語の言葉が行き交《か》うそうです。
それを、脳内会話といいます。

祈りの究極は、その脳内会話のすべてが、

・誰かの幸せを願う言葉
・みんなの発展を願う言葉
・神様に語りかける言葉
・魔物を改心させる言葉
・明るい未来を創造する言葉

になることです。

北極老人《ほっきょくろうじん》は、まさにそのようなお方ですから、日常のどのシーンを切り取っても、祈っているときと、それ以外のときの空気感に差がありません。

生活の一挙手一投足《いっきょしゅいっとうそく》が、祈りそのものなのです。

わたしはお祈りするとき、その北極老人の空気感をお手本としています。

ここから具体的な祈り方をお伝えしていきますが、形式に囚《とら》われる必要はありません。あまり堅苦《かたくる》しく考えるよりも、祈りに乗せるイメージを大切にしてみてください。

天津祝詞で書く前のセッティング

神道では、神様をお迎えするときに、祝詞《のりと》を奏上します。
こんな言い方をするとバチ当たりに聞こえてしまうかもしれませんが、祝詞は、神様を褒《ほ》め称《たた》えて、ノリ気になっていただくための口説《くど》き文句、またはラブソングのようなものです。

「神様、いつも綺麗ですね、素晴らしいですね。
わたしは、あなたに会えて最高に幸せです。本当にありがとうございます」

と神様を褒め称え、感謝を表しているのです。

意中《いちゅう》の相手に愛を語るときには、言葉選びよりも、思いを伝えることが大事です。

同様に、祝詞は意味を理解することよりも、唱えるときのイメージが重要なのです。

「一般人が祝詞を唱えてもいいの？」と心配される人もいますが、まわりの迷惑にならなければ大丈夫です。

わたしがお祈りのときに、一番はじめに奏上するのが**「天津祝詞《あまつのりと》」**です（一四五ページ参照）。

この天津祝詞の中で、一番大事なところは、冒頭です。

「高天原《たかあまはら》に、かむづまります」

高天原とは、天上にある神々の国のこと。

この一節は「この場所に神様がいらっしゃいます」という意味になります。

〝この場所〟って、どこなの？　という疑問が湧いてきますが、この一節を唱えながら、あなた自身が、祈りに合わせて高天原の場所を〝決める〟ことが大事なのです。

例えば、神社参拝をして、「高天原にかむづまります」と唱えるときは、「わたしが今こうしてお参りしている神社に、神様が降りてきてくださいました。ありがとうございます」という意味合いが隠されています。

神社参拝に行ったときは、その神社が高天原になると見立てるのです。

部屋で祈るときは、あなたの部屋が「高天原」。
人の幸せを祈るときは、相手の心が「高天原」。
料理に祈りを込めるときは、お皿が「高天原」。
仕事の成功を祈るときには、職場が「高天原」。

「ここが高天原になる」と決めて、強くイメージしながら唱える。
すると、たった数秒でも空気が変わり、神様をお迎えする準備が整います。
きっと、心が軽く、温かく、明るくなっていくのを感じていただけるでしょう。
あとは続けて、「かむろぎかむろみのみこと……」と唱えていってください。

神様が与えてくださる恵みのことを〝**功徳**《くどく》〟といいます。

天津祝詞《あまつのりと》

高天原《たかあまはら》に　神留《かむづまり》坐《ま》す
神漏岐《かむろぎ》 神漏美《かむろみ》の命以《みこともち》て
皇親神《すめみおやかむ》　伊邪那岐《いざなぎ》の大神《おおかみ》
筑紫《つくし》の日向《ひむか》の橘《たちばな》の
小門《おど》の阿波岐原《あわぎはら》に
御禊祓《みそぎはら》へ賜《たま》ひし時《とき》に生坐《あれま》せる
祓戸《はらへど》の大神等《おおかみたち》
諸々《もろもろ》の禍事罪穢《まがごとつみけがれ》を
祓《はら》へ給《たま》へ清《きよ》め給《たま》へと
申《もう》す事《こと》の由《よし》を
天津神《あまつかみ》　地津神《くにつかみ》　八百万神等共《やおよろずのかみたちとも》に
聞《き》こし召《め》せと　畏《かしこ》み畏《かしこ》みも白《まお》す
惟神霊幸倍坐世《かむながらたまちはえませ》

現代語訳

高天原にいらっしゃる
カムロギカムロミのミコトのご教示により
天皇の御親であらせられるイザナギ大神が
筑紫の日向の橘の
小門の阿波岐原で
黄泉の国の穢れを禊ぎ祓えなされたときに
生まれた祓戸大神たちよ
罪や穢れがありましたら
どうぞお祓いください　お清めください
天津神も地津神もすべての神様へ
どうぞお聞き届けくださることを
敬い慎んでお願い申し上げます
結果はすべて神様にお任せいたします

神社で功徳をいただくコツは、神様を〝口説く〟つもりでお参りすること。
功徳は〝口説く〟という言霊の暗号なのです。

神社ノートの書き方①　神様に自己紹介をする

いよいよ『神社ノート』を書いていきます。

まずはじめに、神様に自己紹介をしましょう。

人間社会でも、目上の人に会いに行くときは、自分から名乗ることが常識ですが、神様に対しても、まずは自己紹介することが基本です。

「わたしは、（　住所　）に住んでいる、（　氏名　）と申します」

という一文をベースに、職業、勤務先、家族構成、これまでの生い立ちなどを付け加えても構いません。

この自己紹介は、『神社ノート』を発動させる儀式のようなものだとお考えください。儀式をすることで、このノートに書かれたことが、神様に通じているんだ！　という確信が生まれるほど、実現力は強くなっていきます。

丁寧に、心を込めて、書いていきましょう。

書き方サンプル①　神様に自己紹介をする

２０２５年２月１日
わたしは、大阪府枚方市楠葉に住んでいる山田花子と申します。
現在27歳で、３人兄妹の長女です。
生まれは東京ですが、仕事のために大阪に引っ越し、一人暮らしをしています。
仕事は、ＩＴ系の会社の営業をしており、今年で４年目になります。
『神社ノート』を通して、神様とのご縁を深めていきたいと思います。
どうぞよろしくお願いいたします。

※自己紹介は一度書いたら、毎回書く必要はありません。

神社ノートの書き方②　神様の御神名を書く

『神社ノート』の一番シンプルな使い方は、「神様の名前を書く」ということです。

次のように書いてください。


「○年○月○日（　御神名《ごしんめい》　）様　守り給《たま》へ　幸《さきは》へ給へ」


御神名というのは、それそのものが、特別な言霊（音の響き）になっており、書いたり、唱えたりするだけで、その神力が発揮されます。

「守り給へ　幸へ給へ」というのは「神様どうぞお守りください、幸せにお導きください」という意味です。「幸へ給へ」には、その神様の神威がますます栄えていきますように、という意味も込められています。

どの神様の名前を書くのかは、自由です。一柱《ひとはしら》でもいいし、何柱かの神様を並べて書いても大丈夫です。

本書の二〇二〜二〇六ページの判定表では、あなたと最もご縁の深い神様を知ることができるので、毎日、その御神名を書くだけでも、神様との心の距離がグッと近くなるでしょう。

また、第五章で解説している「十二柱の神々の働き」を読んだうえで、「今日は、この神様に助けてほしい」と思う神様の御神名を書くのもいいでしょう。

もしくは、北極老人の書かれた護符（三三五〜三五八ページ）を見ながら、直感的に、その日の自分に必要だと感じる神様の御神名を書くのもおすすめです。

『神社ノート』を書いて一日を過ごすのと、書かずに一日を過ごすのとでは、きっとご自身の気持ちに違いを感じるはずです。ご自身で変化を感じながら、『神社ノート』の使い手になっていきましょう。

また、本書で紹介している神様のほかにも、お好きな神社や、産土《うぶすな》神社、氏神《うじがみ》神社など、思い入れのある神様の御神名を書いていただくのもいいでしょう。『神社ノート』を書いたうえで神社参拝すると、祈りの深さがまったく変わるはずです。

書き方サンプル②　神様の御神名を書く

2025年2月2日
※功徳をいただきたい神様を書く。
木花咲耶姫様　今日のプレゼンで、伝えたいことをうまく表現できるようにお力添えをお願いします。

2025年2月3日
※自分とご縁の深い神様を書く。
※自分とご縁の深い神様を一行書くだけでもＯＫ。
天之御中主神様　守り給へ、幸へ給へ。

2025年2月4日
※功徳をいただきたい神様を書く。
蛭子大神様　「わたしは愛されていない」という寂しさを乗り越え、誰かを愛せる自分に成長させてください。

神社ノートの書き方③　人様の幸せを祈る

祈りの基本は、「人様の幸せを祈ること」です。

神社参拝をするときも、自分の願望より先に、人様の幸せを祈ることが大切です。

我《わが》が、我が……と、自分の望みばかり主張する人のことを、誰も応援したいとは思いませんよね。

それは神様だって同じなのです。

八百万《やおよろず》の神々、いろんな性格の神様がいらっしゃいますが、これはすべての神々の共通見解といってもいいでしょう。

まず、人様の幸せを祈るうえで、一つ注意点があります。

それは、〝祈り〟と〝念力〟を混同しないことです。

〝祈り〟と〝念力〟は似て非なるものだからです。

祈りは、他力にお任せして、結果を神様に預ける気持ちです。
念力は、自力を頼《たよ》りに、相手を操作しようとする気持ちです。

この微妙な違いを見極めなければなりません。

例えば、何かを祈ったあとに、思いどおりにならなかったとしましょう。
そのとき、「どうして思ったとおりにならないの⁉」と、イライラしたり、悲しくなったり、ヘコんだりする場合は、純粋な祈りからズレている可能性が高いのです。
心が乱される背景には、相手への過剰な期待、そして、相手を操作したいという思《おも》惑《わく》が見え隠れしているからです。

それはもはや、純粋な祈りとは、いえませんよね。
〝祈り〟と〝念力〟は、根本的に違うのです。

人の幸せを祈るとき、「百人いれば、百通りの幸福への道筋《プロセス》がある」ということを忘れてはなりません。

例えば、あなたが相手に対して、

「○○大学に合格してほしい」

「○○会社に就職してほしい」

「早く結婚相手が見つかってほしい」

といった願いを持ったとしても、そのあなたの望む未来が、必ずしも相手にとってベストとは限りません。


ですから、誰かの幸せを祈るときは、「具体的にこうなってほしい」「思いどおりの未来になってほしい」という結果を願うのではなく、ただただ、その相手が幸せになっているところをイメージするのです。

人様の幸せをお祈りする、基本の型「いつくしみの祈り」をご紹介しましょう。それが、次の言葉です。

いつくしみの祈り

「（　お名前　）さまの
霊《れい》　魂《こん》　魄《はく》
福《ふく》　禄《ろく》　寿《じゅ》
顕在意識《けんざいいしき》　潜在意識《せんざいいしき》　無意識が
明るく　軽く　温かく　熱く　元気に　なっていただきますように
ぬくもり　いつくしみ　やすらぎのエネルギーで　みたされますように」

それぞれの言葉の意味を説明しましょう。

「霊」とは、人の気持ち、感情、思考、意識のこと。

「魂」とは、心の奥底にお鎮《しず》まりになっている神なる自分のこと。
「魄」とは、肉体を作っている生命エネルギーのこと。

次に続く「福禄寿」とは、人が幸せになるために大切な三要素を表します。
古代の中国では、人が求める幸せのカテゴリを、次の五つに分けていました。

「福」は、幸福感
「禄」は、豊かさ、ご縁
「寿」は、健康、長寿
「官」は、地位、名誉
「印」は、知恵、才能

合わせて「福禄寿官印《ふくろくじゅかんいん》」といいます。
七福神の中には「福禄寿」という名の神様がいらっしゃいます。その神様の教えは、「福禄寿官印」の五つの中で、特に「福禄寿」の三つが大切ですよ、ということです。

「官（地位や名誉）」や「印（知恵や才能）」も、確かに生きていくためには必要かもしれません。
けれど、「もっと名声を高めたい」「人から尊敬されたい」「もっと賢くなりたい」「もっと能力がほしい」という気持ちが強すぎると、どうなるでしょうか？

自分を追い詰めて、苦しくなってしまったり、
手に入れた成果を失うことが怖くなってしまったり。
「官」や「印」が、必ずしも人を幸せにしてくれるとは限らないのです。
ですから、人様の幸せを祈るときにも、次の三つの要素を大切にしましょう。

福：幸せになっていただけますように
禄：豊かな財とご縁に恵まれますように
寿：身も心もずっと元気でありますように

そして、「顕在意識　潜在意識　無意識」については第二章でも述べましたが、人

は自分でも自覚することのできない、深い意識と繋がっています。

その深い意識の根底にまで、幸せが行き届くようにイメージします。

あとは、

「明るく　軽く　温かく　熱く　元気に　なっていただきますように」

「ぬくもり　いつくしみ　やすらぎのエネルギーで　みたされますように」

と書きながら、今まさに目の前で、それが実現しているところをイメージします。

お祈りする相手の顔がわかるなら、輝くような笑顔になっている姿を、ありありと思い浮かべましょう。


ありったけの情感を込めて、熱烈に祈るほど、祈りは神様に届きます。


お祈りを向ける対象については、自分の「好きな人」だけに限らず、普段の生活の中で関わる人のことを、分け隔《へだ》てなく、お祈りするといいでしょう。

そもそも、好きな人の幸せだったら祈れるけど、嫌いな人の幸せは祈りたくない、という時点で、もはや純粋な祈りから、だいぶかけ離れてしまっています。

ですから、「あの人のことは嫌い！」「どうして、あんなヤツの幸せを祈らなきゃならないの⁉」と、思いたくなるような相手ほど、むしろ、お祈りしてあげてください。

「苦手な相手」「よくケンカする相手」「ぶっちゃけ嫌いな相手」の幸せすら、心からお祈りできるようになれば、それは愛が大きくなったということです。

そのようにして、祈りが進化するごとに、人は神様の感覚に近づいていくのです。

朝一番に、その日に出会うであろう、すべての人の幸せを祈るのも、最高の習慣です。

その場合は、お祈りする相手の（　お名前　）のところに

「本日、出会うすべてのみなさまの……」と書くといいでしょう。

ほかにも、例えばイベントを主催する当日であれば、

「本日のイベントに参加されるみなさま、スタッフ、関わるすべてのみなさまの

書き方サンプル③　人様の幸せを祈る

2025年2月5日
本日出会う、すべてのみなさまの、
霊・魂・魄、福・禄・寿、顕在意識・潜在意識・無意識が、
明るく、軽く、温かく、元気になっていただきますように。
ぬくもり、いつくしみ、やすらぎのエネルギーで満たされますように。

2025年2月6日
〇〇さん、□□さん、△△さんの
霊・魂・魄、福・禄・寿、顕在意識・潜在意識・無意識が、
明るく、軽く、温かく、熱く、元気になっていただきますように。
ぬくもり、いつくしみ、やすらぎのエネルギーで満たされますように。

※祈りを向ける人の顔を思い浮かべて、情感を込めて祈る。

……」などと書いてください。

たった数分でも、丁寧《ていねい》に祈りを書いてから一日をスタートすると、その日の気分がまったく違ってくるでしょう。あとは実際に書いて、体感してみてください。

神社ノートの書き方④　願いを書く

神様に願いを届けるコツは、「あなたの願い」を「神様の望み」に近づけていくことです。そのことについては、第一章でもお伝えしました。

神様の望みは、主にこの二つに集約されます。

「人類みんなの幸せ」と「あなたの心の成長」です。

『神社ノート』を書くときも、これらを含んだ願いを立てることが、神様に応援される秘訣です。この二つに適《かな》う生き方をすることが、神々がすべての人に与えた〝お役目〟といってもいいでしょう。

いわば、そのお役目を全《まっと》うすることが、あなたの人生のゴールともいえます。

ですから、「自分は、そのゴールに向かって生きていくんだ！」という意志を、言葉にして神様に届けましょう。あなたがしっくりくる言葉で、自由に書いてください。

「みんなを笑顔にする女神のような、存在になれますように」
「最高にいい男になって、関わる人を苦しみから救えますように」
「大山祇神《おおやまづみのかみ》のような、器の大きな人間になれますように」
といったように、抽象的な表現でも構いません。

自分なりの言葉が浮かばなければ、次の言葉を書くといいでしょう。

「わたしは、世のため人のために生き、神様に与えられたお役目を全うします」

さて、ここまでは人生のゴールを設定しました。
続いては、そのゴールから〝逆算〟して、あなたが具体的にかなえたい夢や目標を書いていきます。

例えば、十年後、一年後、一ヶ月後に、

・どんな自分になっていたいか？
・どのように、世のため人のために貢献していたいか？
・どんな人と、どんな場所で、どんな生活を送っていたいか？

などをイメージしながら、願いを書いていきます。

ここで重要なのは、あなたが願いをかなえることによって、神様のお役に立てるような人間へと成長していくことです。

具体的に、かなえたいこと、成し遂げたいことがある場合は、次のように祈るのがいいでしょう。

「○○ができるような（得られるような）自分に、成長させてください」

このようにして、あなたの願いと、神様の願いの、共通項を見つけていくのです。

願望をかなえることだけが目的になってしまうと、それはエゴや執着に変わってしまいます。それでは『神社ノート』の神力は発動しません。あくまでゴールは、自分の心の成長なのだということを忘れないようにしましょう。

すべての願いごとは、「神様から与えられたお役目を全うする」という、大いなる目的を果たすためのステップだと見立てればいいのです。

もちろん、ここで願ったことがすべてかなうかといえば、そうとは限りません。もし方向性が違っていたら、「そっちじゃないよ」と、軌道修正するような出来事が訪れるでしょう。

自分が進むべき方向性を、神様に問いたいときは、

「わたしの思いや行動が、神様から見て間違っていたら、どうか糺《ただ》してください」

と書くのもいいでしょう。

そして最後は毎回、感謝を込めて、次の言葉で締めくくります。

「かむながらたまちはえませ」

この言葉の意味は「結果はすべて神様にお任せいたします。すべて神様の良きようにお導きください」ということです。

もし、自分の願望どおりに進まなくても、最高の未来に辿り着くために、すべて必要、必然、ベストな道を神様が用意してくださっているんだと信じて、そのプロセスを楽しみましょう。

書き方サンプル④　願いを書く

2025年2月7日
建御雷神様　守り給へ、幸へ給へ。
わたしは、世のため人のために生き、神様に与えられたお役目を全うします。

今の職場に勤めてまもなく5年になります。後輩も増えてきて、少しずつ任せられる仕事の幅が大きくなってきました。けれど心のどこかで先輩に甘えて、自分で責任を持って判断することを避けてしまうこともあります。

会社も先輩も、わたしにもっと責任のある仕事ができるようになってほしいという思いがあるだろうし、自分としても、プレッシャーがかかったとき、自分の御魂を磨くチャンスだと、思い切って挑戦できるようになりたいと感じています。

もっと強い意志を持って、会社のことを背負っていけるような自分に成長させてください。

建御雷神様、ありがとうございます。かむながらたまちはえませ。

神社ノートの書き方⑤　報告をする

神様とお近づきになるコツは、人との距離を縮めたいときと、よく似ています。

それは、〝こまめに報告をする（コミュニケーションをとる）〟ということです。

『神社ノート』には、神様の世界との通《かよ》い路《じ》ができていきます。

その日に起きたことや感じたことを、まるで神様との交換日記を書くように報告することで、その通い路が太くなっていくのです。

神様が聞いてくださっているんだと思いながら、一日を振り返って書いていきましょう。

振り返る長さは一日に限らず、一ヶ月や半年、一年でも構いません。

報告を書くときに大切なのが、〝**反省**〟と〝**感謝**〟です。

反省は、「反《かえ》」りて「省《み》」みること。一度立ち止まって、自分の言動やあり方、物事の捉え方が、それでいいか考えることです。

そのとき反省することとしては、

「あの人に冷たい態度をとっちゃったな……。もっと温かく接せられたかも」

「上司から声をかけられたときの返事が暗かったな。次は明るく元気に返そう！」

「なかなか悩みを打ち明けられずに、心がズーンと重くなっちゃった……。次はもっと早く相談しよう」

などと、自分の冷たかったところ、暗かったところ、重かったところを見つめていきます。

改善すべきことが出てきたら、

「このように未熟なところがありましたので、より成長できるよう努力していきます。どうか神様、お力添えをお願いします」

という、前向きな祈願《きがん》に変えていくのです。


そして、反省が自分に向けるものだとしたら、他者や神様に向けるものが〝感謝〟

です。

わたしたちはいただいているものに対して、「こんなの当たり前だよ」と、ついつい感謝を忘れてしまいます。

食べるごはんがある。蛇口《じゃぐち》をひねったら水が飲める。住む家や着る服がある。友達がいる。家族がみんな元気。身体があって、息をすることができる……。

そんな〝当たり前〟なことが、当たり前じゃない人もいるのです。

与えられているものに感謝して、〝幸せ〟の感度を高めていきましょう。


このように、神様への報告を続けていくと、日々の中でたくさんの気づきが生まれるようになります。そして、神様との心の距離が近くなっていくのを感じるでしょう。

すると、ノートを書きながら、まるで神様からのメッセージのように、パッと閃《ひらめ》きが降りてきたり、感謝が湧いてきたり、手が勝手に動いてあなたに必要な言葉が紡《つむ》ぎ出されたり、不思議なことが起こり始めます。

書き方サンプル⑤　報告をする

2025年2月20日

天之御中主神様、建御雷神様、わたしを守ってくださっている
すべての神様、いつもありがとうございます。
今日は、先輩から「A社のプレゼン、一人でやってみる？」と聞かれ
ました。とっさに「え！　わたしで大丈夫でしょうか？」と言ってしま
ったのですが、いま振り返ったときに、すごくもったいなかったな…
と思いました。
自信のなさや不安から、気持ちが重たくなってしまい、せっかく
の神様からのチャンスを逃してしまいました。

仕事のお声がかかるということは、きっと「あなただったらできるで
しょ」と、先輩からも、神様からも思っていただいているはず。
自分にとって、イヤなことやプレッシャーがかかることがやってきた
ときに、「これも魂を磨くチャンスだ」と前向きに捉えられるよう、
努力していきます。どうか神様、そのような自分に成長できる
よう、お力添えをお願いします。

２０２５年４月２０日
天之御中主様、建御雷神様、わたしを守ってくださっている
すべての神様、いつもありがとうございます。
今日は、頼りにしている先輩が、カゼで会社を休んでいました。
そしてなんと、そのタイミングで急な来客があったのです。
いつも先輩が受け持っていたところを、代わりにわたしが対応する
ことに。今までだったら、緊張で尻ごみしてしまったり、（なんで先輩
がいないタイミングでお客様が来るの—！）とネガティブに捉えてし
まったりしていました。

けれどそのときは、神様からのチャンスボールだと感じずにはいられ
なくて、本当にいつも見守ってくださっているんだなと思いました。
無事にお客様も帰られて、周りからも「ありがとう、助かったよ」と
声をかけてもらいました。
これも全部、わたしの力ではなく、神様のおかげです。本当に
感謝しております。

神社ノートの書き方⑥　悩みを打ち明ける

ノートを通して神様と対話する中で、非常に大事なポイントがあります。**心の中にある思いを、良いことも悪いことも、包み隠さず書くこと**です。

大人になると、対外的にはついつい「弱音を吐いちゃダメ」「キチンとしなきゃ」「まわりに迷惑をかけられない」と、気丈《きじょう》に振る舞おうとするものです。

ですが、誰にも言えないような悩みや、日常で湧き起こるネガティブな感情に、「こんなことを思っちゃうわたしはダメだ」と蓋《ふた》をして見て見ぬフリをしたり、自分を責めたりすると、どうなるでしょうか？

必ずあとで反動がきて、「わたしだけ我慢してる」「こんなにやってるのに！」と、誰かを攻撃するようになってしまいます。

そうなる前に、ネガティブな気持ちもぜんぶ打ち明けられる関係を神様と築きましょう。


「こんなことがあって苦しかった、大変だった」

「あの人と衝突してしまった」

「仕事で上手くいかないことばかりだった」

と、洗いざらい書き出してみる。

その中で、「なんて自分は情けないんだろう」と悔しさや不甲斐《ふがい》なさが出てきても、自分を責める必要はありません。


今抱えている悩みを、神様に預けるような気持ちで書くこと。

あらゆる感情を素直に打ち明けて、ありのままの現実を受け止めること。


「神様、どうか助けてください……!」

と、思わず手を合わせてしまうような思いで綴っていくことで、神様をより身近に感じられるようになり、どうにもならなかった負の感情も、少しずつ、前を向いて進むためのエネルギーに変わっていきます。

そして、ノートの最後は、〝プラスの言葉〟で終わりましょう。

ひたすら愚痴《ぐち》を並べて鬱憤《うっぷん》を晴らすのではなく、悩みや葛藤があっても、それでも最後は前向きで発展的な言葉で締めくくることが重要です。

「こんな大変なことがあって、あんな苦しいことがあったけど、でも明日はこうやって工夫してみます」

「あの人とケンカしてすごくムカついたけど、明日もう一度話してみる！」

と、プラスの言葉を一文添えて、書き終えてみてください。

日々生きていたら、苦しいこと・悲しいことは誰しも経験します。

書き方サンプル⑥　悩みを打ち明ける

2025年5月1日

天之御中主神様、建御雷神様、わたしを守ってくださっている

すべての神様、いつもありがとうございます。

働く中で、どうしても○○さんが苦手だなと思ってしまいます。

○○さんは、性根が悪い人ではないのですが、仕事のやり方が雑

で、いつもミスばかりしています。

○○さんの仕事のフォローをすることも多く、「なんでこんなにテキトー

な仕事ができるんだろう」とイラっとしてしまうこともあります。

ただ、この気持ちは「いつくしみの祈り」からは遠ざかっているなと

思います。分かっているのですが、なかなか祈りを向けられない

自分がいて、器が小さいなぁ……と不甲斐ないです。

○○さんにも、必ずいいところはあるはずなので、明日は○○さんの

長所を探してみようと思います。

2025年8月1日

天之御中主神様、建御雷神様、わたしを守ってくださっているすべての神様、いつもありがとうございます。

最近、〇〇さんとの関係性が変わってきました。いつくしみの祈りを続けているうちに、自分は「仕事ができるかどうか」というモノサシで、〇〇さんを見てしまっていたことに気づいたのです。そうではなくて、〇〇さんの長所を引き出せるように関わろうと思ったときに、〇〇さんは地道な作業をコツコツ進めるのは得意そうだと分かりました。そこで資料作りなど、苦手なところを引き受けていたら、〇〇さんから感謝されるようになったのです。

〇〇さんは何も変わっていないけれど、自分の心持ちや関わり方を変えただけで、こんなにも関係性が良くなるのだなと思いました。〇〇さんのおかげで、自分の愛の小ささに気づくことができたので、本当に感謝しています。

みっともない自分、弱っちい自分に直面することだってあります。

目を背けたくなるようなことがあっても、自責の念に襲われそうになっても、それでも必死にもがいて生きる姿に、神様は手を差し伸べてくださるのです。

ポイント1　対話するように言葉を尽くして祈る

言葉には、不思議な霊力があります。

神様にお願いごとをするときも、ちゃんと言葉にすることが大切です。

しかし、多くの人はそこをすっ飛ばして、「神様だったら詳しく言わなくてもわかってくれるよね？」といわんばかりに、「いい職場にめぐり合えますように〜」「彼女（彼氏）ができますように〜」と言いながら、神社のお賽銭《さいせん》箱に小銭を投げ入れてパンパンと手を叩く。これではいけません。

目の前にいらっしゃる神様に、語りかけるような感覚でお祈りしましょう。


例えば、彼女（彼氏）がほしいのであれば、

「神様、わたしは彼女（彼氏）がほしいと思っています。なぜかというと、今、わた

しは◯◯という会社で、□□□といった仕事をしています。彼女（彼氏）という支えがあれば、仕事の上でモチベーションも上がると思いますし、より会社に貢献できる人間になれると思うのです。家に帰ったときに、温かい笑顔で迎えてくれる、家庭的なパートナーが理想です。それによって、生活の質が上がり、自分自身も明るく元気になれて、ひいてはお客様の幸せ、より多くの人の幸せに繋がると思っています。だから、どうか神様、いい人とめぐり合わせてください。どうか、よろしくお願いいたします」

このように**言葉を尽くして、丁寧に、具体的に言うこと**がポイントです。

そうすると、神様も「そうかそうか、そういう理由で彼女（彼氏）がほしいのか。ならば手を貸してやろう」となるわけです。

真剣さ、誠意を伝えるには、言葉を尽くすのが一番です。

それが感じられない人や、自分のことしか考えていない人に、どうして力を貸してあげたいと思うでしょうか。

神様を動かすのも、人を動かすのも、基本姿勢は同じなのです。

ポイント2　神様にお願いしたことは人に言わない

神様にお願いしたことは、あなたと神様だけの秘密にしてください。

それには、二つの理由があります。

一つは、願望実現の邪魔が入らないようにするためです。

例えば、あなたが大きな夢を持って、それを親兄弟や友人に打ち明けたとしましょう。おそらく、ほとんどの人に「やめときなって……」「そんなのムリだよ……」と、ストップをかけられてしまうでしょう。実は、そういった周囲からの口出しによって願望実現を妨《さまた》げられる人は極めて多いのです。

どんなに善人そうに見える人でも、潜在意識の奥底に、人の幸せを羨《うらや》む気持ちや、素直に応援できない気持ちが出てきたりするものですから、「この人なら言っても大丈夫かな」という油断も禁物なのです。

もう一つの理由は、神様とより親密になるためです。

よく恋愛でも、男女で「二人だけしか知らない秘密」を共有することで、心理的距離が近くなる、などといわれますが、それは人と神様においても同じです。

その昔から、宗教的な秘儀も、占いの奥義も、限られた者のみが知る秘密として語り継がれてきました。


なぜ、大切なことは秘密にされるのか？


それは、その霊力の根源となる神々と密約を交わし、秘密を守ることにより、その摩訶不思議《まかふしぎ》な働きを味方につけてきたからです。

平安時代に弘法大師《こうぼうだいし》・空海《くうかい》が開いた密教もそうです。

その教えは口伝《くでん》継承で、選ばれた者のみが知る秘伝とされました。

それにより、病気治しや、願望成就にすさまじい威力を発揮したそうです。

恥ずかしいことも、誰にも言ったことがない本音も神様には素直に打ち明けて、それを秘密にするからこそ、神様との距離が近くなり、より大きな功徳を授かることができるのです。

ポイント3　結果は神様にお預けする

九十九パーセントは自力を尽くして、最後の一パーセントは神様にお任せする。

それが、祈りの基本姿勢です。


人は結果を求めがちです。

けれど、結果に執着すればするほど、大切なゴールを見失います。

恋人ができた。結婚した。お金持ちになった。試験に合格した。仕事で昇格した。

このような目に見える結果を手にすることは、確かに嬉しいものです。

けれど、結果だけに執着してしまうと、むしろ幸せが遠のいてしまうことすらあります。

恋人ができた瞬間に、嫌われることや別れることへの不安が生まれます。

お金や成功を手にした瞬間に、それらを失うことへの恐怖心が芽生えます。

不幸が襲ってくるのは、たいてい結果だけを重要視しすぎて、人生にとって大切なゴールを見失っているからです。

具体的な目標を達成することは、幸せのゴールではなく、あくまで〝通過点〟に過ぎないことを、忘れてはなりません。

ゴールに向かう道のりは人それぞれで、ルートは無数にあるのですから。

例えば、神様に祈り、あなたが望んだ結果と違う答えが返ってきたとしましょう。

そのような場合は、神様が「こっちのルートのほうが近道だから」と、ルートを修正してくれたということ。ですから、そういうときほど、神様に感謝すべきなのです。

ところが、祈りに〝期待〟を込めすぎてしまうと、自分の思いどおりにかなわなかったときに落胆してしまいます。そして、せっかく神様が用意してくださったゴールへの道筋を見失ってしまうのです。これは非常に勿体《もったい》ないことでしょう。

絶対にあの人と結ばれたかったのに！　と、かなわぬ恋に執着しているうちに、あなたのすぐ隣を、運命の人が通り過ぎているかもしれません。

絶対にあの仕事に就きたかったのに！　と、失った立場に執着しているうちに、あなたの目の前を、千載一遇《せんざいいちぐう》のチャンスが通り過ぎているかもしれないのです。
祈りにおいて大切なのは、結果を期待しすぎないこと。
むしろ結果を手放して、神様に〝お預けする〟ことです。

わたしはお祈りをするとき、いつも必ずこの一節で締めくくります。

「神様ありがとうございます。惟神霊幸倍坐世《かむながらたまちはえませ》」

「惟神霊幸倍坐世」とは神道の言葉で、「結果はすべて、神様にお預けいたします」という意味です。

この言葉を唱えるだけで、結果に執着する心が不思議と静まります。そして、胸の内に安らかな空気が広がるでしょう。感謝の気持ちとお預けする心こそ、神様と心を通わせる要《かなめ》になるのです。

その心が通じたとき、あなたの期待を遥《はる》かに超える本当の幸せに導かれていくでしょう。

第五章

神社ノートに宿る十二の神様

十二の神様の功徳

神様にも、「得意・不得意」があります。

ですから、『神社ノート』を書くときには、願いごとに応じて、適任な神様にお願いすることが大事です。

これは人間社会でも、みなさん当たり前にやっていることです。

たこ焼き屋に行って、パスタを注文する人はいませんし、不動産屋に行って、恋愛相談をする人もいません。

けれど、神社参拝においては、これに似た〝的外《まとはず》れ〟なことをしてしまいがちなのです。なぜかといえば、どの神様が、何を得意とするのかを知らないからです。

一般的に、神社の功徳《くどく》といえば、「縁結び」とか「金運アップ」といったものをイメージされる人が多いでしょう。しかし、実際の神様の功徳というのは、「〇〇運」といったように、単純にカテゴライズできるものではありません。

本来はもっと抽象的で、なかなか一言では言い表せないものなのです。


例えば近年、出雲大社《いずもたいしゃ》は〝縁結び〟の神様だといわれ、恋人がほしい、結婚したいと願う人がたくさん訪れるようになっています。

けれど、この〝縁結び〟というのは、単に恋愛や結婚だけの範囲ではなく、仕事との出会い、モノとの出会い、ほかにもさまざまな縁結びを含んでいます。


しかも、出雲に限らず、あらゆる神様は新しいご縁を通じて、あなたに功徳を与えてくださるもの。ですから、究極的には、すべての神様は〝縁結び〟の神様だということができます。

けれど、そんなことを言い出すと身も蓋《ふた》もありませんし、一般の人に理解されなくなってしまいますから、あえてわかりやすくした、〝縁結び〟とか〝〇〇運アップ〟といった表現だけが世間に広まっているのです。

ただ、それらは最近になって現代人が考えた〝売り文句〟であり、いわば〝キャッチコピー〟のようなもの。ですので、率直にいってしまえば、それらは事実を伝えていない、つまりはウソも含まれているということです。

では、本当の功徳とは一体どういうものなのか？

「仕事運」を例に挙げて説明しましょう。

一言で「仕事で成功する」といっても、さまざまな要因があります。

偉い上司に気に入られたから、出世した。

交渉力の才能が目覚めて、営業成績が伸びた。

素晴らしいコンサルタントに出会い、売上が倍増した。

偶然にも自分が夢見ていた仕事に誘われた。

もしくは、収入や業績はたいして変わらなくても、人間関係が良くなったことで、以前はイヤだった職場に行くのが楽しくなった、というのも一つの成功と呼べるかもしれません。

このように、「仕事の成功」というゴールに導くにも、人間関係を改善する、才能を目覚めさせる、人脈を広げる、金回りを良くする、などなど、無数のルートがあります。

神様とは、ご自身が一番得意なルートで、人を開運に導いてくださる存在です。その得意分野の違いが、神様の功徳の違いなのです。

神社で開運するために、第一に大切なのは、「何に困っていて、どこを助けてほしいのか」を、自分なりにハッキリさせておくこと。

第二に、その問題を解決するのが得意な神様にお願いすること、です。

例えば、「いい恋愛がしたい」という願いにも、そもそも出会いがないから、出会うキッカケがほしいとか、出会いはあるけれど仲が深まらないから、人付き合いが上手くなりたいとか、いつもダメな相手ばかり選んでしまうから、人を見る目がほしいとか、状況によって、頼るべき神様は変わってくるということです。

ですから、神社参拝で願いをかなえるためには、神様の得意分野をちゃんと知ることが大事なのです。ただ、そうはいっても、日本は八百万《やおよろず》の神の国ですから、一柱《ひとはしら》ずつ解説していたら、何千ページあっても足りません。

そこで本書では、神様の性格を〝十二の方向性〟に分類して、それぞれを代表する神様の性格・働きについて解説することにしました。

これは、占いの考え方に少し似ています。

占いを知るメリットの一つは、〝人間理解〟が進むことです。

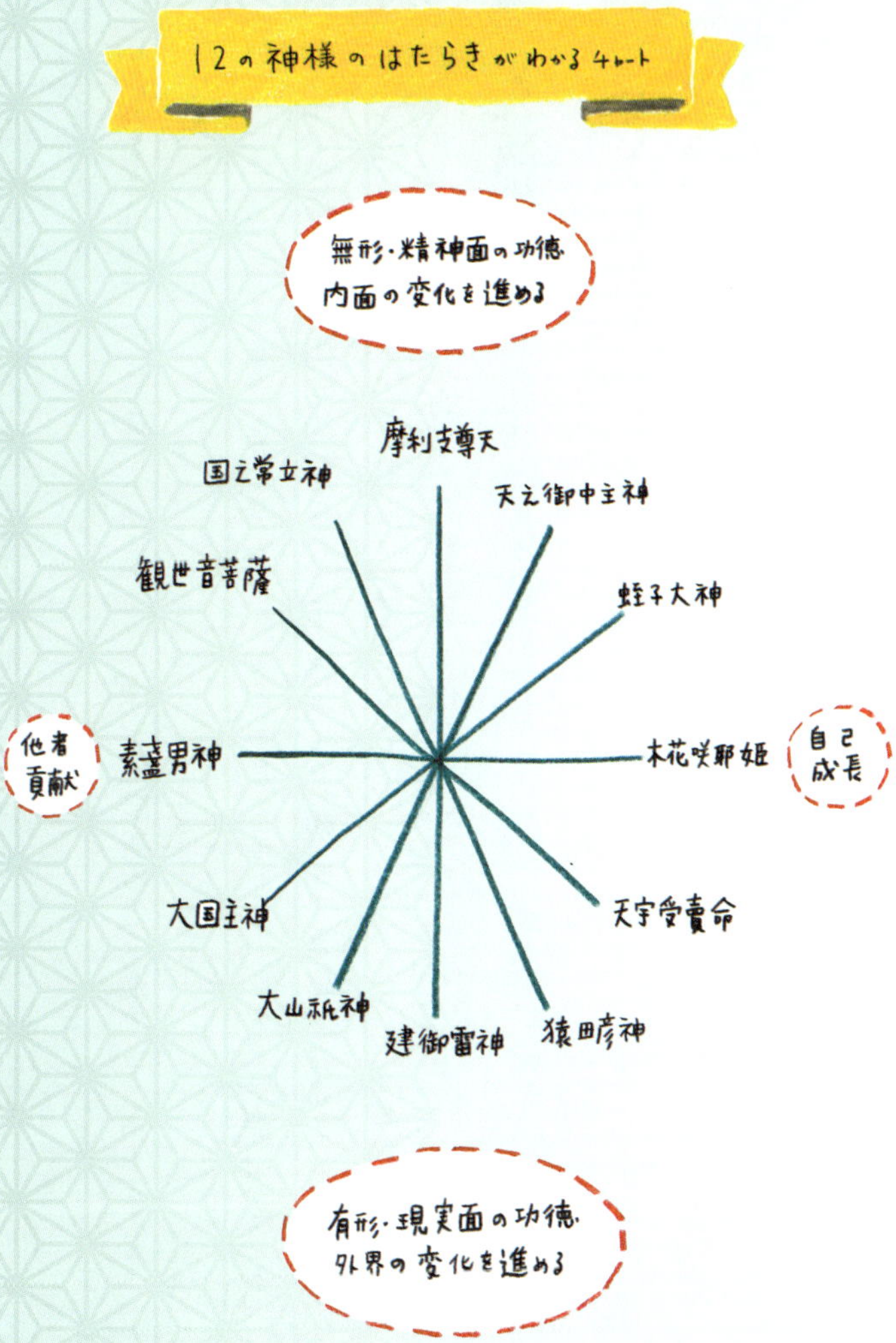
12の神様のはたらきがわかるチャート
無形・精神面の功徳
内面の変化を進める
摩利支尊天
天之御中主神
蛭子大神
木花咲耶姫
自己成長
天宇受賣命
猿田彦神
建御雷神
大山祇神
大国主神
素盞男神
他者貢献
観世音菩薩
国之常立神
有形・現実面の功徳
外界の変化を進める

「もっと人の心を理解したい」と思っても、なんらかのモノサシがなければ、なかなか理解が進みません。

ざっくりと分類することによって、全体像を理解することができるのです。

例えば、「男」と「女」というのも一つの分類ですし、「インドア派 or アウトドア派」とか、「社交的 or 内向的」とか、「大雑把《おおざっぱ》 or 几帳面《きちょうめん》」といったように、いろんなモノサシを使うことで、「あぁ、この人はこういうタイプなんだ」と理解できます。

「アウトドア派で、社交的で、几帳面な男性」といったら、なんとなくイメージできるでしょう。

占いもいわば統計学のようなものなので、優れたモノサシの一つになります。

よく知られているものでいえば、「星座」や「干支《えと》」も十二分類のモノサシです。

わたしの使う六龍法《ろくりゅうほう》という占術では、大きく六分類しますし、そこからさらに細かく六十分類する見方もあります。

より細かく分類したほうが、緻密《ちみつ》に性格や運の流れを把握できます。

ただし、細かく見れば見るほど、全体像を理解するのは難しくなります。

よって本書では、神様の全体像を知ることができて、かつ、あなたの願いに合わせた神様を「これだ！」とピンポイントで選ぶことができるように、ちょうどいい「十二方向」に分類して神様の性格を解説しています。

「十二」という数は、全体像をイメージしやすい数字なのです。

昔の日本人が、方角を「十二」の干支で言い表していたのも、時計の針が「十二」で一周するのも、その一つの表れです。

ちなみに〝全体像〟を知ると、大きなメリットがあります。

神様の空気に対する感度が、高まるのです。

なぜかというと、頭の中に時計盤のような〝座標（基準）〟がイメージできるようになるからです。すると、今の自分には、どんな神様の助けが必要なのかも、感じ取れるようになります。

それだけでなく、まったく初めて参拝する神社でも、「この神様の働きは、だいたいこちらの方向性だな」と、わかるようになるのです。

そのようにして、神社の空気から神様の性格やお気持ちを察してお参りすると、神様も「よく来た、よく来た！」と温かく迎えてくださり、大いに味方になってくださるものなのです。

なお、ここでご紹介する十二の神様の中には、「摩利支尊天《まりしそんてん》」や「観世音菩薩《かんぜおんぼさつ》」など、仏教の仏様も含まれています。

「神社の本なのに、仏様じゃん！」「神道と仏教って別でしょ⁉」と思わずツッコみたくなる人もいるかもしれませんが、これにも理由があります。

日本人の信仰はもともと自然崇拝に始まり、あらゆるものに神様が宿ると考えられていました。そこに仏教が伝来したとき、仏様もまた、日本古来の神様の一柱として迎えられたのです。

それ以来、カミもホトケも同居するという、世にも珍しく、またなんとも日本人らしいおおらかな信仰の形が生まれ、奈良時代からずっと続いてきたという歴史があります。

人の世は、神の世の〝映し鏡〟のようなものですから、そういった現実があるということは、神霊界でも、神様と仏様が入り交じっておられることを意味するのです（もちろん、区別や役割の違いはありますが）。

そして、十二の方向に分類したときに、ある方向の功徳にピッタリくるのが、その仏様だったので、分類の中に入れさせていただきました。

この先の人生でどんなカベが現れようとも、十二柱のうちいずれかの神様が、必ずあなたの人生を助けてくださいます。

あなたに合う神様の選び方

神様の選び方は、主に次の三つです。

①生年月日をもとに、あなたの「守り神」を調べる
本書の判定表（二〇二～二〇六ページ）をもとに、あなたと最もご縁の深い神様を調べましょう。

②願い事の内容に応じて、適任の神様を選ぶ
本章で解説している「十二柱の神々の働き」を読んだうえで、「今日は、この神様に助けてほしい」と思う神様を選びましょう。

③護符で空気を感じて、直感で選ぶ

北極老人《ほっきょくろうじん》の書かれた護符（三三五〜三五八ページ）を見ながら、
直感的に、その日の自分にとって必要だと感じる神様を選びましょう。

生年月日でわかる、あなたの「守り神」

人は生まれてくるときに、本書でご紹介する十二柱の神様のうち、いずれかの神様と〝似た性格〟を持って生まれてきます。

つまり、あなたの性格のいいところを伸ばしていくと、その神様の感覚に近づいていくということです。

その神様のことを本書では、あなたの「守り神」と呼びます。

「守り神」は、あなたの生年月日から調べることができます。

この『神社ノート』を使って開運するために、まずあなたの「守り神」に祈ることから始めてみてください。

ではさっそく、次のページの「調べ方」を読んでから、あなたの「守り神」を調べてみましょう。

守り神の調べ方

①二〇二ページからの表①「生年月日からの判定表」で、自分の「生まれた年」と「生まれた月」が重なる部分の数字を探します。

②①で確認した数字に自分の「生まれた日」を足して、あなたの「運命数」を算出します。数字が61以上になった場合は、そこから60を引いた数が「運命数」になります。

③②で出した「運命数」を、二〇六ページの表②「守り神判定表」に当てはめたとき、そこに書かれているのがあなたの「守り神」です。

例　1985年7月15日生まれの場合

表①「生年月日からの判定表」で1985年と7月が重なる部分の数字は「37」。そこに生まれた日を足すと「37＋15＝52」。表②「守り神判定表」で確認すると、52番で「建御雷神」が守り神となります。

例　1999年1月24日生まれの場合

表①「生年月日からの判定表」で1999年と1月が重なる部分の数字は「49」。そこに生まれた日を足すと「49＋24＝73」。数字が60を超えているので、73から60を引いて「13」。表②「守り神判定表」で確認すると、13番で「天之御中主神」が守り神となります。

西暦	和暦	1月	2月	3月	4月	5月	6月	7月	8月	9月	10月	11月	12月
1930	昭和5年	47	18	46	17	47	18	48	19	50	20	51	21
1931	昭和6年	52	23	51	22	52	23	53	24	55	25	56	26
1932	昭和7年	57	28	57	28	58	29	59	30	1	31	2	32
1933	昭和8年	3	34	2	33	3	34	4	35	6	36	7	37
1934	昭和9年	8	39	7	38	8	39	9	40	11	41	12	42
1935	昭和10年	13	44	12	43	13	44	14	45	16	46	17	47
1936	昭和11年	18	49	18	49	19	50	20	51	22	52	23	53
1937	昭和12年	24	55	23	54	24	55	25	56	27	57	28	58
1938	昭和13年	29	60	28	59	29	60	30	1	32	2	33	3
1939	昭和14年	34	5	33	4	34	5	35	6	37	7	38	8
1940	昭和15年	39	10	39	10	40	11	41	12	43	13	44	14
1941	昭和16年	45	16	44	15	45	16	46	17	48	18	49	19
1942	昭和17年	50	21	49	20	50	21	51	22	53	23	54	24
1943	昭和18年	55	26	54	25	55	26	56	27	58	28	59	29
1944	昭和19年	60	31	60	31	1	32	2	33	4	34	5	35
1945	昭和20年	6	37	5	36	6	37	7	38	9	39	10	40
1946	昭和21年	11	42	10	41	11	42	12	43	14	44	15	45
1947	昭和22年	16	47	15	46	16	47	17	48	19	49	20	50
1948	昭和23年	21	52	21	52	22	53	23	54	25	55	26	56
1949	昭和24年	27	58	26	57	27	58	28	59	30	60	31	1
1950	昭和25年	32	3	31	2	32	3	33	4	35	5	36	6
1951	昭和26年	37	8	36	7	37	8	38	9	40	10	41	11
1952	昭和27年	42	13	42	13	43	14	44	15	46	16	47	17
1953	昭和28年	48	19	47	18	48	19	49	20	51	21	52	22
1954	昭和29年	53	24	52	23	53	24	54	25	56	26	57	27
1955	昭和30年	58	29	57	28	58	29	59	30	1	31	2	32

表❶ 生年月日からの判定表

西暦	和暦	1月	2月	3月	4月	5月	6月	7月	8月	9月	10月	11月	12月
1956	昭和31年	3	34	3	34	4	35	5	36	7	37	8	38
1957	昭和32年	9	40	8	39	9	40	10	41	12	42	13	43
1958	昭和33年	14	45	13	44	14	45	15	46	17	47	18	48
1959	昭和34年	19	50	18	49	19	50	20	51	22	52	23	53
1960	昭和35年	24	55	24	55	25	56	26	57	28	58	29	59
1961	昭和36年	30	1	29	60	30	1	31	2	33	3	34	4
1962	昭和37年	35	6	34	5	35	6	36	7	38	8	39	9
1963	昭和38年	40	11	39	10	40	11	41	12	43	13	44	14
1964	昭和39年	45	16	45	16	46	17	47	18	49	19	50	20
1965	昭和40年	51	22	50	21	51	22	52	23	54	24	55	25
1966	昭和41年	56	27	55	26	56	27	57	28	59	29	60	30
1967	昭和42年	1	32	60	31	1	32	2	33	4	34	5	35
1968	昭和43年	6	37	6	37	7	38	8	39	10	40	11	41
1969	昭和44年	12	43	11	42	12	43	13	44	15	45	16	46
1970	昭和45年	17	48	16	47	17	48	18	49	20	50	21	51
1971	昭和46年	22	53	21	52	22	53	23	54	25	55	26	56
1972	昭和47年	27	58	27	58	28	59	29	60	31	1	32	2
1973	昭和48年	33	4	32	3	33	4	34	5	36	6	37	7
1974	昭和49年	38	9	37	8	38	9	39	10	41	11	42	12
1975	昭和50年	43	14	42	13	43	14	44	15	46	16	47	17
1976	昭和51年	48	19	48	19	49	20	50	21	52	22	53	23
1977	昭和52年	54	25	53	24	54	25	55	26	57	27	58	28
1978	昭和53年	59	30	58	29	59	30	60	31	2	32	3	33
1979	昭和54年	4	35	3	34	4	35	5	36	7	37	8	38
1980	昭和55年	9	40	9	40	10	41	11	42	13	43	14	44
1981	昭和56年	15	46	14	45	15	46	16	47	18	48	19	49

西暦	和暦	1月	2月	3月	4月	5月	6月	7月	8月	9月	10月	11月	12月
1982	昭和57年	20	51	19	50	20	51	21	52	23	53	24	54
1983	昭和58年	25	56	24	55	25	56	26	57	28	58	29	59
1984	昭和59年	30	1	30	1	31	2	32	3	34	4	35	5
1985	昭和60年	36	7	35	6	36	7	37	8	39	9	40	10
1986	昭和61年	41	12	40	11	41	12	42	13	44	14	45	15
1987	昭和62年	46	17	45	16	46	17	47	18	49	19	50	20
1988	昭和63年	51	22	51	22	52	23	53	24	55	25	56	26
1989	昭和64年/平成元年	57	28	56	27	57	28	58	29	60	30	1	31
1990	平成2年	2	33	1	32	2	33	3	34	5	35	6	36
1991	平成3年	7	38	6	37	7	38	8	39	10	40	11	41
1992	平成4年	12	43	12	43	13	44	14	45	16	46	17	47
1993	平成5年	18	49	17	48	18	49	19	50	21	51	22	52
1994	平成6年	23	54	22	53	23	54	24	55	26	56	27	57
1995	平成7年	28	59	27	58	28	59	29	60	31	1	32	2
1996	平成8年	33	4	33	4	34	5	35	6	37	7	38	8
1997	平成9年	39	10	38	9	39	10	40	11	42	12	43	13
1998	平成10年	44	15	43	14	44	15	45	16	47	17	48	18
1999	平成11年	49	20	48	19	49	20	50	21	52	22	53	23
2000	平成12年	54	25	54	25	55	26	56	27	58	28	59	29
2001	平成13年	60	31	59	30	60	31	1	32	3	33	4	34
2002	平成14年	5	36	4	35	5	36	6	37	8	38	9	39
2003	平成15年	10	41	9	40	10	41	11	42	13	43	14	44
2004	平成16年	15	46	15	46	16	47	17	48	19	49	20	50
2005	平成17年	21	52	20	51	21	52	22	53	24	54	25	55
2006	平成18年	26	57	25	56	26	57	27	58	29	59	30	60

西暦	和暦	1月	2月	3月	4月	5月	6月	7月	8月	9月	10月	11月	12月
2007	平成19年	31	2	30	1	31	2	32	3	34	4	35	5
2008	平成20年	36	7	36	7	37	8	38	9	40	10	41	11
2009	平成21年	42	13	41	12	42	13	43	14	45	15	46	16
2010	平成22年	47	18	46	17	47	18	48	19	50	20	51	21
2011	平成23年	52	23	51	22	52	23	53	24	55	25	56	26
2012	平成24年	57	28	57	28	58	29	59	30	1	31	2	32
2013	平成25年	3	34	2	33	3	34	4	35	6	36	7	37
2014	平成26年	8	39	7	38	8	39	9	40	11	41	12	42
2015	平成27年	13	44	12	43	13	44	14	45	16	46	17	47
2016	平成28年	18	49	18	49	19	50	20	51	22	52	23	53
2017	平成29年	24	55	23	54	24	55	25	56	27	57	28	58
2018	平成30年	29	60	28	59	29	60	30	1	32	2	33	3
2019	平成31年 /令和元年	34	5	33	4	34	5	35	6	37	7	38	8
2020	令和2年	39	10	39	10	40	11	41	12	43	13	44	14
2021	令和3年	45	16	44	15	45	16	46	17	48	18	49	19
2022	令和4年	50	21	49	20	50	21	51	22	53	23	54	24
2023	令和5年	55	26	54	25	55	26	56	27	58	28	59	29
2024	令和6年	60	31	60	31	1	32	2	33	4	34	5	35
2025	令和7年	6	37	5	36	6	37	7	38	9	39	10	40
2026	令和8年	11	42	10	41	11	42	12	43	14	44	15	45
2027	令和9年	16	47	15	46	16	47	17	48	19	49	20	50
2028	令和10年	21	52	21	52	22	53	23	54	25	55	26	56
2029	令和11年	27	58	26	57	27	58	28	59	30	60	31	1
2030	令和12年	32	3	31	2	32	3	33	4	35	5	36	6

表❷ 守り神判定表

1	天宇受賣命	31	観世音菩薩
2	大国主神	32	蛭子大神
3	木花咲耶姫	33	素盞男尊
4	素盞男神	34	木花咲耶姫
5	猿田彦神	35	国之常立神
6	大山祇神	36	天之御中主神
7	天宇受賣命	37	観世音菩薩
8	大国主神	38	蛭子大神
9	木花咲耶姫	39	素盞男神
10	素盞男神	40	木花咲耶姫
11	蛭子大神	41	大国主神
12	観世音菩薩	42	天宇受賣命
13	天之御中主神	43	大山祇神
14	国之常立神	44	猿田彦神
15	木花咲耶姫	45	素盞男神
16	素盞男神	46	木花咲耶姫
17	蛭子大神	47	大国主神
18	観世音菩薩	48	天宇受賣命
19	天之御中主神	49	大山祇神
20	国之常立神	50	猿田彦神
21	摩利支尊天	51	建御雷神
22	摩利支尊天	52	建御雷神
23	国之常立神	53	猿田彦神
24	天之御中主神	54	大山祇神
25	天之御中主神	55	大山祇神
26	国之常立神	56	猿田彦神
27	摩利支尊天	57	建御雷神
28	摩利支尊天	58	建御雷神
29	国之常立神	59	猿田彦神
30	天之御中主神	60	大山祇神

湊川神社（兵庫県）

摩利支尊天（マリシソンテン）

《功徳》勝負に勝つ、行動力、直感力を高める

◆こんな人におすすめ

・勝負ごとに強くなりたい
・直感力、判断力を高めたい
・問題を切り抜ける知恵がほしい
・感情に左右されないようになりたい
・スポーツ、試験などで結果を出したい

祀られている神社

湊川神社（兵庫県神戸市）
徳大寺（東京都台東区）
禅居庵（京都府京都市）
宝泉寺（石川県金沢市）
摩利支神社（福岡県宗像市）

摩利支尊天の神話

摩利支尊天《まりしそんてん》は、陽炎《かげろう》を神格化した仏教の神といわれています。

その名前も、サンスクリット語で「陽炎」や「太陽の光・月の光」を意味する「Marici（マリーチ）」からきています。

経典《けいてん》によると、「摩利支尊天は大いなる神通力を持ち、常に太陽の前を行く。太陽はその神を見ることができないが、摩利支尊天は太陽を見ることができる。同じく人も、その神を見ることも、知ることも、捉えることも、欺《あざむ》いて騙《だま》すこともできない」とあります。

摩利支尊天は、いつも太陽の前を行くので、陽の光に照らされて姿が見えません。ゆらゆらと実体のない陽炎のように、捉えどころがなく、誰も触れることができないことから、あらゆる災難を避けることができる神様とされています。

摩利支尊天を信仰する者にも、同じ力が宿るとされ、軍神として、名だたる戦国武将たちにあつく信仰されてきました。

そして摩利支尊天は、三つの顔と六本の腕を備えた三面六臂《さんめんろっぴ》の姿で、よく猪《いのしし》に乗った姿で描かれます。

ご眷属《けんぞく》の猪とともに猪突猛進《ちょとつもうしん》、ひるむことなく敵陣に突き進む。すばやく物事を判断する決断力や、どんな勝負にもおじけづかない勇敢さを備えた神様です。

摩利支尊天のご加護を受けると、「ここぞ！」という大一番で、勝利を手にすることができるようになるのです。

天才的な閃きで人生の勝負に打ち勝つ人になる

人生は心理戦です。

受験、就職、仕事、恋愛、スポーツ……。

さまざまな局面で勝負しなければならないときがあります。

勝負ごとのみならず、仕事で認められるかどうか、夫婦仲が深まるかどうか、好きな人と仲良くなれるかどうか、すべて心の状態で結果が決まります。

人生のあらゆる場面で、本当の勝利を得るために欠かせない働きが、摩利支尊天。

心理戦を制することができれば、あなたの人生のあらゆる問題も、解決に向かいます。

摩利支尊天は、戦国の世に多くの武士から信仰を集めていました。中でも、湊川神社のご祭神として祀られる楠木正成公《くすのきまさしげこう》は、兜の中に摩利支天の小像を入れて戦うほど、その信仰はあつかったといいます。無類の強さを誇った楠木正成公は、軍神として崇《あが》められるようになりました。

なぜ、それほどまでに強かったのか？

それは摩利支尊天が与える「神なる直感に導かれていたから」です。

当時の武将たちは、主に中国から渡ってきた兵法書で必勝法を学んでいました。しかし、一流の軍師はみな同じような書物で学んでいたものですから、結局は、相手の作戦もある程度、読めてしまうことになります。つまり、いかに相手の裏をかくか、が勝敗を分けたということです。無敗で恐れられた武将は、何を考えているのか、まったく相手に悟られないから負けなかったのです。

では、なぜ考えていることが読まれなかったのか？

実は無敗の武将たちは、神仏を信仰し、そこから降りてくる瞬間瞬間の〝直感〟によって戦に勝利していたのです。〝直感〟が、百発百中で勝利に繋がっていたのは、それが単に頭で考えて生まれたものではなく、天から降りてきたものだったからなのです。

心理学の世界に、「フロー」と「ゾーン」という言葉があります。

この考え方が、摩利支尊天の働きを説明するのに、もってこいなのです。

「フロー」とは、「流れに乗っている」という意味。抜群の集中力が発揮されて、一心不乱に目の前のことに打ち込んでいる状態をいいます。

例えば、

「試合の後半からいい流れがきて、負ける気がしなかった」

「気がついたら三時間も勉強していた」

「今日は何をしてもタイミングが良くて、やることなすこと上手くいった」

といったような、〝流れがきている！〟という状態。きっと、多くの人が一度はこのような「フロー体験」をしたことがあるでしょう。

逆に「ノンフロー」とは、「今日はツイていない……」「何をやってもミスばかり」

「誤解ばかりされる」といった、流れが悪い状態のことです。

そして「フロー」が極まった状態のことを「ゾーン」といいます。

近年「ゾーン」に注目が集まっており、応用スポーツ心理学では、ゾーンに入った選手は、常識では考えられないようなパフォーマンスを発揮するといわれています。

例えば、

「(野球やテニスで) 時速一五〇キロメートルのボールが止まって見えた」

「(バスケやサッカーで) 上空からコートの全面を見渡している感覚だった」

「(監督の) 采配がズバズバと的中。やることなすこと、すべてが上手くいった」といったように。


もし、このような感覚で指揮をとった戦国武将がいたら、百戦百勝の奇跡が起こっても不思議ではないでしょう。

かつての名武将は、摩利支尊天からその感覚を得ていたのです。

摩利支尊天の功徳《くどく》とは、まさに人をフローに導いてくださることなのです。

そして、フローがずっと続くと、いつかゾーンに入る瞬間が不意に訪れます。誰も想像し得ないような、見事な直感、アイデアが降りてくるのです。

ただし、その功徳にあずかるには、自分自身の努力も欠かせません。

フローを保つには、徹底的に「ノンフローになる原因」をなくすことです。人はノンフローになると、不機嫌になり、焦ったり、不安になったり、イライラしたり、頭でごちゃごちゃ考えてしまって、行動できなくなります。その状態では、どんな勝負にも勝てないし、人間関係も上手くいくはずがありません。

ノンフローになる最大の原因は「意味づけ・理由探し」をしてしまうこと。

例えば、雨が降ったら「今日はイヤだな……」と思ったり、仕事でミスをしたら「どうしてわたしって、こんなにダメなの？」と落ち込んだり、大事なモノをなくしたら「なんでなくなったの⁉」とイライラしたり。

そこで感情が揺さぶられる背景には、「仕事でミスをした・大事なモノがなくなった→不幸《ふしあわ》せなこと」という意味づけ（固定観念）があります。

けれど、本当にその意味づけは正しいものでしょうか？

ミスや失敗が一〇〇パーセント悪いとは限りません。

小さなミスから学んだことで、より大きなミスを防ぐことができるし、逆に大きな成功に結びつくことだってあります。モノをなくしたことで、より良いモノに出会えることもあれば、それをたまたま拾ってくれた人との運命の出会いがあるかもしれません。

物事は常に多面的です。

一つの出来事が、どんな未来に繋がるかわからないのです。

ノンフローになるときには、必ずといっていいほど、自分で自分を不幸にするような意味づけをしてしまっているのです。

さらに人は、不幸せの理由探しをしてしまいます。

「どうしてわたしって、こんなにダメなの？」「なんでなくしちゃったんだろう……」と。

そこに明確な答えなど、もとから存在しません。

探そうと思えば、一〇〇個でも、一〇〇〇個でも、無限にネガティブな理由を探すことができるのです。だから、不幸せな理由探しをしたら、まるで、底の抜けたプールに水を注ぎ続けるように、エネルギーが無限に浪費されてしまいます。

すると、ますますノンフローになるのです。

もし、「どうして？」「なぜ？」と、ネガティブな理由探しが始まってしまいそうなときは、思考を逆転させるのがフローに戻るコツです。

つまり、「どうしてわたしって、こんなに幸せなんだろう？」「どうして、運がいいんだろう？」と、ポジティブな問いかけをするのです。

ノンフローになる原因を知り、それを消していく。

すると摩利支尊天の功徳により、三六五日、二十四時間、ずっとフローが保てるようになっていきます。

するとほどなくして、今までにないような閃《ひらめ》き、人を幸せにする直感が、天から降りてくるのです。

箱根元宮（神奈川県）

天之御中主神
（アメノミナカヌシノカミ）

《功徳》閃き、悟り、創造力を高める

◆こんな人におすすめ
・大きな選択を迫られている
・自分に合うパートナーを見つけたい
・新しい恋愛や結婚生活を始めたい
・新しい仕事、ビジネスに取り組む
・学業でいい成績を収めたい

祀られている神社
箱根神社（神奈川県足柄下郡）
出雲大社（島根県出雲市）
妙見本宮（千葉県千葉市）
八代神社（熊本県八代市）
秩父神社（埼玉県秩父市）

天之御中主神の神話

「天地《あめつち》の初発《はじめ》のとき、高天原《たかあまはら》に成りませる神の名は、天之御中主神《あめのみなかぬしのかみ》」

これは、『古事記』の冒頭です。天地がまだ混沌《こんとん》として形が定まっていないときに、最初に現れた神様が天之御中主神。

最初に生まれたので、最高位の神様だという説もありますが、最高位というよりも、〝はじまり〟を創る働きの神様です。

『古事記』はさまざまな解釈ができますが、冒頭を「この世がどのように創られたかを記《しる》している」と捉えると、天之御中主神は〝宇宙のはじまり〟を意味します。

天文現象でいえば、〝ビッグバン〟です。

ビッグバンによって宇宙が始まる前は、形になっていない、目に見えないエネルギーだけが混沌と漂っていました。そのエネルギーがだんだんと膨れ上がり、ある地点に達したとき、大爆発が起きて、まさに神様が誕生するように、宇宙が生まれ、万物が育まれたのです。

また、天之御中主神の御神名《ごしんめい》を紐解くと、
アメ……天上、高天原（神々の住む世界）
ミナカ…中心
ヌシ……その場所の中心的存在
となります。

「天の中心の主」と書くことから、古代から方角を教えてくれる道しるべの星・北極星の神であるともいわれています。仏教では妙見菩薩《みょうけんぼさつ》と称され、多くの庶民から信仰を集めてきました。

〝はじまり〟の神様であるとともに、やるべきことを見極め、物事の本質をつかむ道しるべとなってくれるのが、天之御中主神なのです。

迷いを断ち切り新しい未来を創り出す改革者になる

人生において、何かが〝生まれる〟瞬間には、その背後に天之御中主神がいらっしゃいます。星々が生まれる瞬間、人の身体に魂がお鎮《しず》まりになる瞬間。

それだけではありません。

例えば、普段こんな経験はないでしょうか？

「ずっと解けなかった問題がやっと解けた！」

「あの人が教えてくれたことの意味が、やっとわかった！」

「あ、今繋がった！」

誰もが一度は経験するような、閃《ひらめ》きの瞬間。

そのとき、人の心の中では、混沌としていた目に見えないエネルギーが膨れ上がって、ビッグバンが起きているのです。

つまり、点と点が繋がって線になり、新しい価値観、新しい選択肢が生まれる。人生において、新たな宇宙が創造されているのです。

そういう瞬間の、ピタッとくる感覚、ちょうどいい感覚、スカッと迷いの晴れる感覚を与えてくれるのが、天之御中主神です。

実は誰しも、生まれたときからそういう感覚を持ち合わせています。もともとあなたの中に眠っているということは、天之御中主神はあなたの中にもいらっしゃるということなのです。

人生の大きな選択をするときに、その感覚を呼び醒ますことができれば、必ずいい未来に繋がります。

新しい仕事、新しい恋、新しい出会い、新たな買い物、結婚生活……。

何事も、はじめ良ければ終わり良し。

誰だって、そういった大事な局面で、迷いなく、ピタッとくる答えを選びたいでしょう。だから、そういうときにこそ、天之御中主神に祈るといいのです。

実は、『古事記』に出てくる神様はすべて、人体にも宿っています。

では天之御中主神は、身体のどこにお鎮まりになっているか？

それは〝お腹〟であり、〝臍下丹田《せいかたんでん》〟と呼ばれるところです。

天之御中主神を呼び醒ますポイントは、力まない、頭でこねくり回して考えすぎないこと。

そして、感じることです。

感じるコツは、肩の力をスッと抜くこと。

手のひらはパーにして、頭ではなくお腹で感じるようなイメージです。

人が判断を間違えてしまうときは、たいてい〝腹〟が据わっていません。

逆に、頭に血がのぼって、頭で考えているのです。

ですので、そうなってしまう原因を、なくしていくことが重要です。

まず一つは、足元を冷やさないこと。

熱は上に上がるという自然の法則がありますから、人の身体は放っておくと足が冷えて、頭に熱が溜《た》まります。するとイライラしたり、判断力が落ちたりしてしまうのです。

足元を温めると、温まった血液は上に流れます。すると、上半身と下半身でグルグルと循環が起こって、頭はクールで、足元はホットな状態が生まれます。

身体の気のめぐりも良くなり、神様の宿りやすい身体になるのです。

二つ目に大切なのは、焦らないことです。

「焦り」の言霊《ことだま》は「天（あ）施（せ）離（り）」。

焦れば焦るほど、天からの施《ほどこ》し（功徳《くどく》）から離れてしまうということを意味します。

焦らないコツは、〝仕切り直し〟です。

例えば、朝寝坊から一日が始まると、ずっと焦った状態のまま一日が過ぎていきます。それが、判断のミスに繋がり、また焦って……と、焦りの悪循環が起きてしまいます。

だから、仕事中でも、試験中でも、料理中でも、会話の最中でも、心に〝焦り〟を感じたら、その場でパッと手を止めて、考えることをやめて、〝仕切り直し〟をするのです。「はい、ここからが新しい始まり」と自分の心の中で宣言して、優しくお腹を撫《な》でながら、ゆっくりと御神名を唱えます。

「アー、メー、ノー、ミー、ナー、カー、ヌー、シー、ノー、カー、ミー」

まるで自分の中の神様を呼び醒ます呪文のように、言い聞かせて祈るのです。

すると、頭に集まったエネルギーが腹に降りて、静けさと温かさと安らぎが戻ってきます。

そして最後に、〝ただ今〟を生きることです。

天之御中主神は「中心」にいらっしゃるとお伝えしましたが、時間の流れでいうならば、それは〝現在この瞬間〟です。それを神道では「中今《なかいま》」といいます。

過去に縛られず、未来を憂うことなく、今を無心に生きる。すると、わたしたちの人生に新たな物語が生み出されていきます。そんな〝今この瞬間〟に、天之御中主神はいらっしゃいます。

そうして生きていると、やがてすべての知識や経験が〝繋がる〟瞬間がやってきます。その瞬間は、小さな星・小さな宇宙の創造であり、天之御中主神の発露といえるのです。

写真：奴賀義治／アフロ

西宮神社（兵庫県）

蛭子大神
（ヒルコオオカミ）

《功徳》愛される人になる

◆こんな人におすすめ

・恋人、パートナーに愛されたい
・人気者になりたい
・お客さんをファンにしたい
・さみしがりやを卒業したい
・愛溢れる家庭を築きたい

祀られている神社

西宮神社（兵庫県西宮市）
今宮戎神社（大阪府大阪市）
三輪恵比須神社（奈良県桜井市）
京都ゑびす神社（京都府京都市）

蛭子大神の神話

『古事記』の神話によれば、もともと蛭子大神《ひるこおおかみ》は、日本列島の生みの親である伊邪那岐《いざなぎ》、伊邪那美《いざなみ》の両神から生まれたはじめの子でした。けれど、足が立たない未熟児だったのです。それを理由に、葦舟《あしぶね》に乗せられ、海に流されてしまいます。

その後、蛭子は海を渡ります。

そして、摂津国《せっつのくに》西の浦、現在の兵庫県西宮市に辿り着きました。

古代には、他所《よそ》から流れ着いた者が福をもたらすという「客人信仰《まれびと》」が根付いていました。そのような外の世界から訪れた神様は「えびす」といわれており、「えびす宮総本社・西宮神社」の名前も、それが由来です。

「えびす大神」と呼ばれるようになった蛭子は、七福神の中でも、大黒様《だいこくさま》と並ぶ有名な福の神として知られるようになりました。今でも、漁業や海上安全、特に商売繁盛の神様として、庶民から親しまれています。

「えびす大神」の姿は、手に竿を持って、常に満面の笑みで描かれています。
これは、自分にとっての心の傷を笑いに変えて、その傷を乗り越えるための力を授けてくださるということです。

蛭子は赤子のときに、十分に両親から愛されませんでした。
しかし、大きくなってから、みんなに愛される神になっています。

実はこの物語こそが、蛭子大神の功徳《くどく》を表しているのです。

愛されオーラを放ち
誰からも好かれる人気者になる

愛される人になるための最大の障害となるのは、幼少期に刷り込まれたネガティブな記憶です。生まれてからだいたい二～三歳までに、十分に親から愛されなかった、抱かれなかったという記憶は、肌感覚として大人になってもずっと残り、人生に多大なる影響をおよぼしているのです。

その代表例が、「わたしは愛されていない」「どうせわたしなんて、誰も大事にしてくれない」という思い込みです。幼少期に満たされなかった記憶が欠乏意識となって、過剰に〝さみしさ〟を感じてしまうのです。

すると、もっとわたしのことを構って、もっと理解して、もっとわかって、もっと尊重して、とまわりに求めてしまうので、相手から愛やエネルギーを〝奪う存在〟になってしまいます。だから、煙たがられてしまったり、なかなか深い関係を築けなかったりするのです。さらに厄介《やっかい》なことに、せっかく愛してくれる人が現れたとしても、その愛を素直に受けとめることができず、愛されれば愛されるほど、反発したり、疑ったり、怖くなったりして、自分から関係を壊しにいってしまうのです。

これは、恋人や、夫婦間だけで起こることではありません。友人同士でも、家庭でも職場でも、人間関係のトラブルの大半は、「わたしは理解してもらえない」「大切にされていない」といった思い込みが引き金になっています。そこからネガティブな感情が生まれ、深いコミュニケーションを避けるようになってしまったりするのです。極端な場合は、「わたしは愛されてはいけない存在なんだ」「生まれてこなければよかった」というくらい、ネガティブな考えに陥ってしまうことも。

まさか大人になっても、二〜三歳の頃の記憶が、目の前の人間関係の悩みの原因として残っているなんて、なかなか信じ難《がた》いのですが、ほぼすべての人が、幼少期の刷り込みの影響を残しているのです。

そういった根底にある〝さみしさ、情けなさ、不甲斐なさ〟を消し去って、あなたを「みんなから愛される人」へと導いてくれるのが、蛭子大神の功徳なのです。

その功徳を授かる秘訣は、まずはあなた自身が、愛を受信する〝アンテナの感度〟を高めることです。

もしあなたの潜在意識《せんざいいしき》が「わたしは愛されてこなかった」と思い込んでいたとしても、必ずあなたは、たくさんの人に愛されてきているのです。

お腹を痛めて、やっとの思いであなたが無事に生まれたとき、お母さんはどれほど喜んだでしょう。お母さんも、親戚の人たちも、生まれたてのあなたを、「かわいい、かわいい」と抱っこしたでしょう。両親がケンカばかりだったとしても、それでも、すやすやと眠る赤子のあなたを見たら、心から愛おしかったのです。

弱くて、自分では何もできない赤ちゃんは、かわいがられなければ、生きていくことすらできません。あなたが今、生きていることは、たくさんの愛をもらったという、何よりの証拠なのです。

それだけではありません。

お母さんのお腹に宿ったときに、もう十分すぎるほど神々に愛されているから、生まれてきたのです。親が子を抱っこする意味は、その愛を、皮膚感覚として残すためなのです。

もし愛されている実感が足りなければ、両腕をクロスして、自分の両肩を抱くようにして、皮膚を撫《な》で、自分で自分を抱きしめてみる。

そして、「わたしは愛されています」と、自分で自分に教えてあげるのです。

それだけでも、愛の感度は高まります。

仕事でも家庭でも、一所懸命に「与えよう」という気持ちで人と関わっていくほど、あなたを助け、応援し、引き立ててくれる人に出会えます。そのたびに、「支えられているんだ」「一人じゃない」と実感することでしょう。

そして、日常の中で愛との接点を増やすことです。

愛の供給源は、一つではありません。

損得勘定や自己満足でなく、ただ純粋に誰かの幸せのために生み出された食材、料理、家具、音楽、本、芸術……、それらに触れる機会を大切にするのです。
例えば、お茶碗一杯のごはんを食べるにしても、そこには丹精込めてお米を育てた人、炊いてくれた人の愛が入っています。めぐりめぐって、わたしたちはたくさんの愛をいただいているのです。

もうすでに、わたしはたくさんの愛に満たされている。

そのことを悟ると、まるで赤ちゃんのように、愛される人になっていきます。
いつも話題の中心にいて、誰からもかわいがられるようになります。

その悟りを促してくれるのが、蛭子大神なのです。

©MASAMI GOTO/SEBUN PHOTO/amanaimages
富士山本宮浅間大社（静岡県）

木花咲耶姫
（コノハナサクヤヒメ）

《功徳》表現力を身につける

◆こんな人におすすめ
・自分の気持ちを上手に伝えたい
・表現力、文章力、語学力を高めたい
・話す仕事で活躍したい
・人とわかり合えるようになりたい
・内面から美しくなりたい

祀られている神社
富士山本宮浅間大社（静岡県富士宮市）
椿大神社（三重県鈴鹿市）
霧島神宮（鹿児島県霧島市）
子安神社（伊勢神宮内宮所管社／三重県伊勢市）

木花咲耶姫の神話

富士山と桜。それを象徴する女神が木花咲耶姫《このはなさくやひめ》です。富士山の頂上から桜の花びらを蒔《ま》き、日本中に桜の木を広めたという伝説があります。

木花咲耶姫は山の神の総元締《そうもとじめ》である大山祇神《おおやまづみのかみ》の娘で、日本神話で最も美しい女神です。その美しさは、天照大神《あまてらすおおみかみ》の孫・瓊瓊杵尊《ににぎのみこと》が一目で恋に落ち、その場で結婚を申し込むほど。

桜のように美しいのではなく、桜のほうが木花咲耶姫の美貌《びぼう》にあやかって名づけられたといわれています。

また、木花咲耶姫は美しさと同時に、強さも兼ね備えています。

瓊瓊杵尊と一夜を過ごした後、木花咲耶姫は三柱《はしら》の子どもを身ごもります。

しかし、あまりに早い妊娠に貞操《ていそう》を疑われてしまうのです。

そこで木花咲耶姫は、身の潔白を証明するため、

「お腹にいる子があなたの子どもなら、無事に生まれてこられるでしょう」

と、入口が塞がれた産屋《うぶや》に火をつけます。

そして燃え盛る炎の中、無事に子どもたちを出産するのでした。

この逸話から木花咲耶姫は、火の神、安産・子宝の神となりました。そして山の神・大山祇神を父に持つことから、娘の木花咲耶姫も山の神であり、火と山の神ということから、火山の神様とされています。

日本一の火山である、富士山の噴火を鎮めた伝説から、木花咲耶姫は浅間《せんげん》大社に祀られています。

コミュニケーションを駆使して人間関係の潤滑油になる

華やかなイメージの神様、木花咲耶姫から得られる功徳《くどく》は「表現力」。

実は木花咲耶姫は、火難除けや、安産・子宝に恵まれることに加えて、花がパッと咲くように、美しい表現力を授けてくださる神様でもあるのです。

自分の思っていることが、上手く相手に伝わらなくて、苦しんだ経験はないでしょうか。おそらく、「そんな経験は一度もない」という人はいないでしょう。自分の伝えたいことが上手く伝えられたら、ありとあらゆる人間関係の悩みが解決します。ということは、恋愛、仕事、子育て、教育など、人生のあらゆる物事が思いどおりに進むようになるということです。

では、どうすれば表現力は磨かれるのでしょうか？

その道は、人と人とのコミュニケーションにおいて、「一〇〇パーセント正確に伝わることは絶対にあり得ない」ということを理解することから始まります。

言葉のみならず、すべてのコミュニケーションは、受けとった人の解釈によって、意味づけされます。

例えば、異性にジッと見つめられたとしましょう。

そのとき、ある人は「きっと、わたしのことが気になっているんだ」と解釈する。

ところが、また別の人は「あんなに睨《にら》まれるなんて、何かいけないことしたかな……」と解釈する。

では、その〝解釈〟という得体の知れないフィルターは、どこから生まれたのか？

それは、その人が持って生まれた性格と、今現在にいたるまでに、頭の中を駆けめぐった思考、印象、感情、気持ちのすべてが作り出したものです。もはやそれを分析することは、人知を超えているどころか、神様にもできません。

あなたがいかに言葉巧みに表現したとしても、それが相手に「どんなフィルターを通して解釈されるか」は、蓋《ふた》を開けてみなければわからないということなのです。

「愛してる」という言葉すら、相手のフィルターと、シチュエーションによってはネガティブに伝わることだってあるのです。

つまり、すべてのコミュニケーションには、「良い誤解」か「悪い誤解」しかないということ。

では、良い誤解が生まれるときと、悪い誤解が生まれるときの、違いは何か？

それは、〝言葉以前〟の世界で決まります。


木花咲耶姫には姉神がいらっしゃいます。それが磐長姫《いわながひめ》。岩の神様です。

美しい木花咲耶姫に対して、磐長姫は醜い女神だとされています。

実は、木花咲耶姫の功徳は、磐長姫とセットになって初めて発揮されるという秘密があるのです。「いわ・なが・ひめ」の御神名《ごしんめい》には、「言わず、長く、秘める」という意味があります。**つまり磐長姫は、「言わないこと」によって功徳が発揮されるということなのです。**良い誤解をされるには、表現すべきことと、表現せずに秘めておくべきこと、その両方を見極めることが必要です。

思ったことをなんでも言葉にしてしまう人は、誰からも誤解されるし、信頼されません。だからといって、黙っていても、伝えたいことが伝わらないし、愛されない。
どちらに偏っても、言葉を使いこなせていないことになります。
言葉を使いこなすということは、言葉の限界を知ることです。
言葉で伝えられることには限界があると知っているから、丁寧《ていねい》に言葉を尽くす。
相手の目を見て、気持ちを感じて、相手に合わせた言葉を選ぶ。
一方的に話すのではなくて、話しながら相手の心の声を聞く。
相手の声を聞きながら心の中で相手に語りかける。

そのとき、木花咲耶姫が神がかりやすくなるのです。

逆に、磐長姫が神がかるのは、あえて言葉にせず、言葉に頼《たよ》らない表現をしたとき。
例えば、沈黙することで相手に何かが伝わるとしたら、その沈黙すらも一つの表現になります。本当に大切なことを伝えたいときは、言葉を安売りしないほうが、相手の心の奥深くまで届くもの。そういった表現ができるのは、言葉の限界を知っているからです。

最終的に、表現の極致とは、あなたが生きているうちに、やることなすこと、頭の中で考えること、心の中で思うこと、すべてが〝表現の一部〟なのだと気づくことです。

言葉になる以前から、あなたの思惑、あなたの欲望、あなたの恐怖、あなたの勇気、あなたの祈り、あなたの愛は、確実に相手に伝わっているからです。

そのことに気づいたら、誰かの言葉に傷つくことも、言いたいことが伝わらないと嘆くこともなくなります。良くも悪くも、すべての誤解は、言葉になる以前のあなたの心の状態が影響しているからです。

あなたをとりまくコミュニケーションのすべてを、良い誤解に導いてくれるのが、木花咲耶姫であり、磐長姫の功徳。

その功徳を授かる秘訣は、「言葉を信じず、言葉を尽くすこと」なのです。

写真：アサイミカ／アフロ　椿大神社鈿女本宮（三重県）

天宇受賣命

（アメノウズメノミコト）

《功徳》人を動かす、人の心を開く

◆こんな人におすすめ

・夫婦円満、家庭円満
・本音を言えるようになりたい
・自分のやりたいことを見つけたい
・人を動かせるようになりたい
・恋人、パートナーとわかり合いたい

祀られている神社

椿大神社（三重県鈴鹿市）
鈿女神社（長野県北安曇郡）
戸隠神社（長野県長野市）
佐瑠女神社（猿田彦神社境内／三重県伊勢市）

天宇受賣命の神話

天宇受賣命《あめのうずめのみこと》は、『古事記』の「岩戸隠れ《いわとがく》」の神話に登場する女神です。建速須佐之男命《たけはやすさのおのみこと》の目に余る乱暴《らんぼう》を悲しみ、太陽を司る天照大神《あまてらすおおみかみ》が岩戸にお隠れになったとき、世界は闇に包まれました。光を失ったことで、植物は育たず、病は流行り、悪神が暴れ出し、あらゆる災いが起こります。

神様たちも困り果てたとき、岩戸の前で舞い踊って、お祭りムードに一変させたのが、天宇受賣命でした。

胸を露《あら》わにして情熱的に踊る姿を見て、神々は大いに盛り上がります。笑い声が高天原《たかあまはら》じゅうに響き渡り、とたんにその場が賑やかになりました。

楽しげな様子が気になった天照大神は、何が起こっているのかと、そっと岩戸の外をのぞきます。それを見計らっていたほかの神々に連れ出され、天照大神は岩戸から出てこられました。再び、世界に光が戻ったのです。

このような神話から、天宇受賣命は、踊りや芸能の神様として信仰されています。天照大神を誘い出した天宇受賣命の舞。これこそが、神楽《かぐら》の起源にもなりました。神楽は、神様の宿る場所「神座《かみくら》」に神を降ろし、御神事をおこなうときに巫女《みこ》が舞う踊りです。人々も楽しめる芸能として、現代にまで受け継がれています。

行き詰まった場を〝踊り〟で盛り上げ、〝笑い〟の力で神々の心を一つにした天宇受賣命は、まさに「お祭り」の神様。どんな暗い闇も退けて、希望溢《あふ》れるムードへと、大逆転する力を授けてくださるのです。

相手の懐に飛び込み
人の心を動かす大胆不敵な人になる

踊りや芸能の神様として信仰されている天宇受賣命。

胸をさらけ出して踊ることで、八百万《やおよろず》の神々を元気づけたように、実は真の功徳《くどく》は「人を感化する、相手の心を開く」ということです。


そんな天宇受賣命に守られるのは、誰かを幸せにするために喜んで〝ＦＡＫＥ《フェイク》ＩＴ《イット》！（なりきる・演じること）〟ができる人。

本当だったら泣きたいような状況でも、人のために明るく笑える人。

たとえ自分の調子が悪くても、健気にがんばれる人。

きつい局面に立たされていても、まわりに気配りができる人です。

この〝ＦＡＫＥ ＩＴ！〟は、単なる自己犠牲とは違います。

自己犠牲に、愛はありません。

例えば、自分の人生を犠牲にして、親の面倒をみている人がいたとしましょう。もし、それが「親の面倒は子どもがみるのが常識だから」とか、「わたししかいないから」といった義務感からきているとしたら……。口では「わたしさえ我慢すれば、それでいい」「親のことは、わたしがなんとかするから」と言っていても、空気は本音を物語りますから、そこには必ず〝重さ、暗さ、冷たさ〟がつきまとうのです。

そうやって悲劇のヒロインを演じる裏側には、「あなたのせいで、わたしはこんなに不幸なんだ！」という恨みが潜んでいます。

恨みがあると、復讐の人生が始まってしまいます。自分ではそんなつもりはなくても、自分の不幸に、まわりの人たちを巻き込んでいってしまうのです。

人生が自己犠牲的になる人の特徴は、自分の幸せと、相手の幸せが、大きく分離していることです。だから、自分も相手も、みんな一緒に幸せになろう、という考え方になれず、自分と他人を常に比較してしまうのです。

そして、他人の幸せを、素直に祝福できない。

こういった考え方に洗脳されているせいで、恋人や夫婦同士、兄弟、親子、会社の同僚、チームメイトといった、本来は協力すべき人たちの間で、世間にありがちな〝足の引っ張り合い〟が起こってしまうのです。

状況に合わせて喜んで〝FAKE IT!〟ができる人は、自分の幸せは、みんなの幸せに支えられているということに、気づいている人です。

気づいているから、みんなの幸せのために「演じる」ことができるのです。

自分の幸せと、相手の幸せと、世界人類の幸せは、その根底で繋がっています。

例えば、想像してみてください。

もし、学校のクラスで、自分だけスポーツ万能で、成績が良かったとしても、まわりの生徒が全員うつ状態だったら、果たして幸せでしょうか？

ずっとほしかったカバンを買っても、誰もその価値をわかってくれなかったら、本当に幸せでしょうか？

人はたとえ小さな幸せであっても、それを誰かと共有できたときにこそ、晴れやかな、嬉しい気持ちになるものでしょう。

ですから、夫婦や恋人同士で、家族みんなで、会社全体で、地域全体で、世界全体で、究極的には人間と神様の間で、同じ幸せを共有できることがゴールなのです。

そこへいたる第一歩は、ただ純粋に、人の幸せを祈ることです。

胸がじんわり温かくなるくらい、愛念《あいねん》を出し続けるのです。

お祭り騒ぎをして、胸をはだけた天宇受賣命は、惜しみない愛念をみんなに与えました。それは〝自分の想い〟というよりも、「この場を盛り上げたい」「ここにいるみんなに幸せを感じてほしい」という愛念から生まれた、迫真の〝FAKE IT！〟なのです。

その愛念に触れると、相手の心が溶けて、本音が出てきます。

駆け引きでは、相手と本音でお付き合いすることはできません。

〝胸を開く〟とは、〝自分の本音を素直に表現する〟ということ。

恥ずかしさや、小さなプライドを超えて、自分から胸を開くからこそ、相手も胸を開いてくれるものです。

自分のことも、相手のことも、包み込むような愛念を持って生きることこそ、天宇受賣命が神がかる秘訣であり、人を動かし、相手の心を開くカギになるのです。

猿田神社（千葉県）

猿田彦神

（サルタヒコノカミ）

《功徳》 進むべき道がわかる、道が拓かれる

◆こんな人におすすめ

・自分の適職を見つけたい
・理想のパートナーに出会いたい
・迷っていることの答えがほしい
・進学先、就職先を決めたい
・優柔不断な自分を変えたい

祀られている神社

猿田神社（千葉県銚子市）
大麻比古神社（徳島県鳴門市）
椿大神社（三重県鈴鹿市）
猿田彦神社（三重県伊勢市）
白鬚神社（滋賀県高島市）

猿田彦神の神話

猿田彦神《さるたひこのかみ》は、道案内の神・導きの神として信仰されてきました。その姿は、天狗のような長い鼻と赤い顔、二メートル以上もある大きな身体と、少し変わった風貌《ふうぼう》で描かれています。

『古事記』の神話では、高天原《たかあまはら》から、天照大神《あまてらすおおみかみ》の孫にあたる瓊瓊杵尊《ににぎのみこと》が降り立ったとき、天之八衢《あまのやちまた》という分かれ道で一行を出迎え、案内したのが猿田彦神でした。

ここから猿田彦神は、〝みちひらき〟の神様として信仰を集めるようになりました。旅人の安全を守るのはもちろん、物事の最初に現れて、万事をいい方へ導いてくださる神様でもあります。

というのも、猿田彦神は〝八方位〟すべてを見通す力を備えていらっしゃるからです。八つの方位にはそれぞれ、運気を高めてくれる〝吉方位〟とマイナスのエネルギーが流れてくる〝凶方位〟があります。

吉方位や凶方位は年や月によって変化していくので、引越しや旅行に限らず、ただ生活しているだけで、わたしたちは方位の影響を受けているのです。

そのとき、どうしても避けられない凶方位のエネルギー（邪気）を止めてくれるのが、猿田彦神。そのご神徳にちなんで、三重県にある猿田彦神社では、社殿や鳥居、柱などが八角形になっています。

進むべき道に迷ったとき、先が見えないとき、新しい一歩を踏み出したいとき、社会的にも精神的にも自立したいとき、猿田彦神に祈りを向けてみてください。きっと道しるべのように、あなたの行く先を光となって照らしてくれるでしょう。

前人未踏の地に先陣きって突き進み、みなを導く開拓者になる

神話の中で、猿田彦神は高天原から地上に降りてきた瓊瓊杵尊を、天之八衢という分かれ道で出迎えました。

この天之八衢という場所は、単なる伝説上のものではありません。人の心の世界（霊界）に実在します。

どういうときに、心がそこへ行くのかといえば、天之八衢の言霊《ことだま》が示すとおり、「あ〜、やっちまった！」という瞬間です。

そういうときにこそ、目の前に猿田彦神が立っているということなのです。

失敗したあとが、人生の分かれ道です。

大事なのは、そこでヘコまない。諦《あきら》めない。後悔しない。一歩前に進む。

そして、逃げないことです。

多くの人は、自分の失敗を真正面から受けとめず、逃げ道を作って生きているがゆえに、大きな成功、成長を逃してしまっているのです。

逃げ道にもいろいろあります。

逃げの対象となりやすい人間関係の代表は〝親〟です。

例えば、親から巣立つタイミングがきているにもかかわらず、親の世話になり続けている人は、たとえ社会的に自立していたとしても、潜在的に依存心や甘えを内包しているので、自分の力で道を拓くことができなくなるのです。

「いざとなったら、親が助けてくれるから」という隠れミノが、自立を阻み、成長を止め、結果的に開運を妨《さまた》げてしまう。だから、そのような場合には、とにかく親元を離れることが成功への第一歩となります。

また親に限らず、上司であれ、友人であれ、恋人であれ、妻であれ、ただひたすらに甘やかしてくれるだけの関係性は危ないのです。

しかし、本当に厄介《やっかい》なのは、外に逃げることではなく、内に逃げること。

すなわち、自分自身の心の中にある〝言い訳〟です。

追い込まれた状況になるたびに、「この失敗は自分のせいじゃなくて、○○さんのせいだ！」「今回はたまたま運が悪かっただけで……」「自分はカンケーないし……」と、心の中でさまざまな言い訳を続けている限り、猿田彦神の導きは得られないのです。

何か問題が起きたり、大きな責任を負わされたり、追い詰められたりしたときに言い訳することがクセになると、人は脳みその全能力を〝言い訳作り〟に使うようになります。

これをクリエイティブ・アボイダンス（創造的回避）といいます。

こうなると、発展的で、創造性に富んだことを考えられなくなってしまいます。せっかくの頭脳を、誰かのためでも、世の中のためでも、ましてや自分の幸せのためでもなく、自らの逃げのために使うのだから、これほど勿体《もったい》ないことはありません。

だから、逆境に立たされたときほど、言い訳していないか？　逃げていないか？と自問自答せねばなりません。

そして、言い訳せずに正面から向き合って、そこから這《は》い上がる。

猿田彦神に熱烈に祈り、一歩でも進もうとしてみる。

するとその導きにより、誰も想像しなかったような大躍進、大成功、大ブレイクが生まれるのです。

猿田彦神の功徳《くどく》は、言い訳をせず、最高の未来が訪れると信じて、行動・挑戦をしようとした人に進むべき道を示すことです。

そして、その姿勢が常となり、挑戦者であり続ける人は、まるでその人自身が猿田彦神となったかのように、誰かの〝道しるべ〟となり、希望となって、人生に光を灯すのです。

鹿島神宮（茨城県）

建御雷神
（タケミカヅチノカミ）

《功徳》 大事な物事を守り続ける

こんな人におすすめ

・円満な家庭を守りたい
・ビジネスを軌道に乗せたい
・いい人間関係を続けていきたい
・能力、若さをキープしたい
・強い意志がほしい

祀られている神社

鹿島神宮（茨城県鹿嶋市）
春日大社（奈良県奈良市）
石上神宮（奈良県天理市）
鹽竈神社（宮城県塩竈市）
枚岡神社（大阪府東大阪市）

建御雷神の神話

『古事記』の神話において、建御雷神《たけみかづちのかみ》は伊邪那岐命《いざなぎのみこと》が火の神・迦具土神《かぐつちのかみ》の首をはねたときの、剣《つるぎ》の根本についた血から誕生します。

その生まれもあって、「刀の神」として信仰されており、今も昔も、数多くの剣豪がその霊威を授かろうと、建御雷神の祀《まつ》られる鹿島神宮に参拝しています。

建御雷神は神話の中でも、常に霊剣とセットで登場します。

有名なのが、「国譲り神話」です。

天照大神《あまてらすおおみかみ》は、孫の瓊瓊杵尊《ににぎのみこと》に地上界を治めさせようと考えました。しかし、その土地は大国主神《おおくにぬしのかみ》が統治していた場所でした。

そのとき天照大神の命を受け、大国主神に土地を譲るよう交渉に向かったのが、建御雷神です。

浜辺に降り立った建御雷神は、刃を上にして突き立てた剣の切先に、あぐらを組んで座ります。そして大国主神に、国を譲るかどうかを問いかけたのです。

大国主神は、息子の事代主神《ことしろぬしのかみ》と建御名方神《たけみなかたのかみ》がどちらとも頷《うなず》くならば、国をお譲りしましょうと答えました。

事代主神は、「恐れ多いことです。この国は天《あま》つ神《かみ》の神子《みこ》に献上いたしましょう」と言いました。しかし、武勇に優れた建御名方神は納得がいかず、建御雷神に力比べを挑みます。

すると握った建御雷神の手は、つららのように凍り、剣の刃のように鋭くなりました。これに驚いた建御名方神は、国を譲ることを決めるのです。

建御雷神は、天界随一の武神。交渉するときに、剣を抜いて戦うこともできたでしょう。しかし、武力に訴えかけず、国を譲り受ける選択をされたのでした。

そしてこの姿勢が、建御雷神の功徳《くどく》を表しているのです。

粘り強く意志を貫く不屈の精神で困難に立ち向かう人になる

建御雷神は、高天原で随一の武神であり、刀の神です。

刀といえば、時代劇のように斬り合うシーンを想像する人が多いでしょう。

しかし、実際に武士が刀を抜くことは、ほとんどなかったそうです。抜くときは、死をも覚悟した、命懸けの瞬間のみだったのです。

古来、刀は武器ではなく、神の言葉（御神託《ごしんたく》）を受けるための神器でした。霊験《れいげん》あらたかな名刀ほど〝切るため〟ではなく、大切なものを〝守るため〟に作られたのです。邪気邪霊《じゃきじゃれい》を祓《はら》う。敵と戦わずして勝つ。困難を切り裂く。悪い流れを断つ。そういった霊力による守護こそ、名刀の名刀たる所以《ゆえん》であり、その真の価値といえるのです。

そして、刀を司る建御雷神の功徳も、〝堅い守り〟を授けること。

〝守り〟とは、〝続けること〟であり、〝変わらない姿勢〟です。

恋愛なら、近づいた二人の距離をずっと守り続ける。

仕事なら、立ち上げたプロジェクトの勢いを守り続ける。

人間関係なら、築いた信頼や立場をずっと守り続ける。

ほかにも、穏やかな家庭を守り続けたい、富を守り続けたい、健康体を維持したい、いい流れを維持したいなど、とにかく、いったん形になったものを堅く守りたいときに建御雷神に祈ると、その強靭なご神力を発揮してくださるのです。

何事も、守り続けてこそ本物です。けれど、はじめは偶然上手くいくことはあっても、守り続けることは一筋縄ではいきません。

三日はやる気が続いても、三ヶ月ずっと続く努力はめったにない。

三ヶ月は熱愛が続いても、三年ずっと続く愛はめったにない。

三年は繁盛が続いても、三十年ずっと愛され続ける名店はめったにない。

ただ自然に任せていたら、時間とともに勢いは衰え、気持ちは薄れて、情熱は冷めていくのが、浮世《うきよ》の相《さが》だからです。

その悲しい運命を超えて、あなたが守りたい何かを堅固に守ってくれる功徳が建御雷神なのです。

その霊力を発動させるカギとなるのが、人の〝意志〟です。

建御雷神に守られるには、〝意志〟を貫く生き方が求められるのです。

神様に意志を示すには、行動あるのみ。必要な心構えは〝誠を尽くすこと〟です。

「言」ったことを「成」すと書いて、「誠」という字になります。

誠を尽くすとは、自分の言葉に責任を持ち、その言葉のとおり、ウソ偽《いつわ》りのない生き方をすることです。

人との約束を、そして、自分との約束を、まるで神への誓いのごとく、守り抜くのです。

「約束破ってもバレないし、いっか」「誰にも迷惑かけないし、また次回から……」といった意識の持ち方ではなく、神様の信頼を勝ち得るために、言ったことを絶対に守ろうとする感覚です。たとえ、誰も見ていなくても、自分自身が見ていますから。

自分にウソをつき続けると、自分を信じられなくなってしまいます。逆に、誠を貫くほど、自信、誇らしさ、清々しさに満ちてきます。その心に、神様が宿るのです。
例えば職場でも、「この仕事は、一週間後までに仕上げます」と宣言したのであれば、何がなんでもやり遂げることです。

ただし、誠を尽くす生き方には、試練がつきものです。たいてい宣言したときに限って、予想外の頼まれごとが入ったり、どっと来客があったり、体調を崩したり、まさに神試しとしか思えないような試練が襲ってきたりするもの。ですが、そこで「やすやすと流されてたまるか！」と奮い立って、予定より遅れたら恥を忍んで助けを呼んだり、営業終了後に気合いで仕事を片づけたり、あの手この手で、絶対に言ったことを守るようにします。

自分との約束に対しても同じ。例えば、「今日は絶対、一時間は英語の勉強をする！」「毎朝三十分早く起きてジョギングする」など、一度決めたら、なんとしても守る。「あ、今日は忘れてた……」とか、「つい二度寝しちゃって……」とならないように、壁に予定を貼るとか、モーニングコールを頼んでおくとか、あらゆる「もしも」を想定して、できる限りの努力、工夫をして、ベストを尽くします。そのような姿勢は、人の心だけでなく、神様の心をも打つのです。

大切なのは結果ではなく、そこへ向かう姿勢でありプロセスです。ですから、試練が大きければ大きいほど、むしろそのピンチを楽しむくらいの気概《きがい》を持って、最後の最後まで〝悪あがき〟するのです。

いくら誠を尽くしても、なかなか人にわかってもらえず、泣きたくなるときもあるかもしれません。けれど、人は見てくれなくても、神様は必ず見てくれるもの。あなたが誠の日々をおくり、意志を守り続けたとき、建御雷神が強靭な霊力で後押ししてくださるのです。

建御雷神は決して甘くない神様ですが、誰かを守る、何かを守る、という意志を持って、どんな苦労もいとわぬ姿勢の人には、むしろ優しく導いてくださるのです。

そして、ひとたびお眼鏡に適うと、その比類なきご神力により、人生すべてにわたって守ってくださいます。

まるで、あなたの横で常に用心棒が睨《にら》みを利かせているがごとく、災厄が退けられるのです。

写真：エムオーフォトス／アフロ

大山祇神社（愛媛県）

大山祇神（オオヤマヅミノカミ）

《功徳》自信、精神力が身につく

◆こんな人におすすめ

・自信を持ちたい
・一つの得意分野を作りたい
・病気知らずの健康体になりたい
・昇格、昇進したい
・強い影響力、存在感を身につけたい

祀られている神社

大山祇神社（愛媛県今治市）
三嶋大社（静岡県三島市）
大山阿夫利神社（神奈川県伊勢原市）
湯殿山神社（山形県山形市）
大山祇神社（伊勢神宮内宮所管社／三重県伊勢市）

大山祇神の神話

まだ〝日本〟という国がなかった頃……。国造りをするため、最初の夫婦神として『古事記』に登場する伊邪那岐《いざなぎ》・伊邪那美《いざなみ》が、多くの島々や、神様を生みました。その中で、風の神・木の神・野の神とともに生まれたのが、大山祇神《おおやまづみのかみ》です。最高神・天照大神《あまてらすおおみかみ》の兄にあたり、自らも土・霧・谷の神様を生みました。

大山祇の御神名《ごしんめい》は、「オオ＝大きな」「ヤマ＝山」「ヅ＝の」「ミ＝神」、つまり、「大いなる山の神」という意味となります。

「○○ヤマヅミ」という名の神様は、ほかにもいらっしゃり、いずれも山の神様です。

愛媛の名所や宝物、産物などを記録した『伊予国風土記《いよのくにふどき》』には「御島《みしま》に坐《ま》す。神の名は大山積《おおやまづみ》……一名《またのな》を和多志《わたし》の大神」とあり、「わた」は昔の言葉で「海」を意味することから、大海原の神、渡航の神ともされています。

自然界において、山と海は反対の性質を持っています。山は〝目に見える世界〟、海は〝目に見えない世界〟の象徴。その両方を司る大山祇神は、相反《あいはん》するものの境界線を取っ払い、大らかに包み込むような存在です。

神話の時代から、日本の雄大な土地を包み込んでいる大山祇神を祀《まつ》っているのが、愛媛県・大山祇神社。平安時代に、国や土地を平和に守る神様・神社を表す「日本総《そう》鎮守《ちんじゅ》」の称号を与えられ、全国に一万社あまりの分社を持っています。

今でも大山祇神は、大きな山のようにどっしりと、わたしたちを見守り続けてくださっているのです。

揺るぎない自信と存在感で常識を超えるスケールで羽ばたく

山の神である大山祇神には、もう一つ、隠れた顔があります。

それが……、〝天狗《てんぐ》の大親分〟です。

日本には、昔から山を御神体に見立てる山岳信仰がありますが、必ずといっていいほど祀られているのが、天狗系の神様です。

天狗は、真っ赤な顔に大きな鼻を持ち、山伏《やまぶし》（山に住んで修行をする僧侶）のような姿をした霊的存在です。

すごい霊力を持つあまり、妖怪として恐れられたりもしますが、悪い天狗ばかりではなく、神様の使いとしての良い天狗もいます。

大天狗に小天狗、名もない山に棲む狗賓《ぐひん》という地位の低い天狗まで、その霊力や働きにはさまざまな違いがあるのです。

どうして山に天狗がいるのかというと、一つの「山」、つまり、一つの「分野」や「集団」を、その八合目あたりでまとめるのが天狗の働きだからです。

天狗の姿を見たことはなくても、あなたのまわりにも、「天狗になりやすい性格」の人はいるでしょう。

すぐ調子に乗る。偉そう。高圧的。

プライドが高い。イキがる。自慢ばかり。

そういった性格が強烈に発揮されている人は、霊的に天狗のように鼻が伸び、知らず知らずのうちに偉そうになっていることが多いのです。

天狗の霊力を自己中心的に使うと、自分より目下の人、弱い人ばかりの集団の中で偉ぶる。山の八合目くらいで「わたしがトップだ！」と勝手に思い込む。過去の実績にしがみついて、ふんぞり返る。まさに「お山の大将」になってしまうので要注意です。

しかし、良い天狗に守護されると、その恩恵により抜群の霊力がつきます。

わかりやすくいえば、絶対的な自信と度胸、圧倒的な存在感、強烈な影響力、物事を達観する力、いい意味でのプライドが与えられるのです。

そして、すべての天狗のとりまとめ役が、大山祇神です。

そんな大山祇神に守護される秘訣。それは……、

「いつも腹から笑え！　腹から声を出せ！」


天狗の霊力の源は〝笑い〟にあります。

どんな辛い状況も、どんなピンチも、ワッハッハ！と笑い飛ばしてみる。

周囲にいる人の不安さえ吹き飛ばすほど、お腹の底から声を出したり、笑ったりするのです。

「この状況ヤバイ！」というときに笑える人には、それだけで不思議な影響力が生まれます。

例えば、ケンカの真っ最中に、相手が急に大きな声で笑い出したら、どう思うでしょうか？　普通ならビックリして、ちょっと圧倒されてしまうでしょう。

それは、笑うことで相手の霊的なボディが大きくなって、相手の〝存在〟を大きく感じてしまうからなのです。

〝笑い〟の霊力を使えるようになると、その人がいてくれるだけで、みんなの不安が消える。さっきまで暗い雰囲気だったのに、その人が笑うだけで、なんでもできそうな空気に一変する。そんな頼もしい存在になるのです。

ただし、その霊力も「山から降りるようなこと」をすると、発揮されなくなってしまいます。

つまり、常識に合わせたり、人に媚《こ》びたり、去る者を追いかけたり、大衆に迎合したりするような生き方になると、とたんに霊力が消えてしまうのです。

何かしらの分野や集団のトップになるということは、ある意味、孤独になることを意味します。山に登るということは、常識を離れるということなのです。

それは決して「非常識な人間になれ」という意味ではありません。

常識を知り尽くしたうえで、常識を超える世界観で生きることが大切なのです。

大山祇神に守られる人は、雲海を見下ろす山の頂のような、〝超常識〟の世界を生きる人なのです。


そしてもう一つ、大山祇神に守護されるうえで大切なことがあります。

天狗の霊力を、自分のためではなく、世のため人のために使うことです。

大山祇神の別名は「和多志《わたし》大神《おおかみ》」。「わた」は昔の言葉で「海」を表すとお伝えしましたが、実はほかにも、非常に重要な意味が隠されています。


〝和多志〟という字は、そのまま読むと「わたし」になります。

この音のとおり、もともと〝和多志〟は一人称の「わたし」を表す字として、当然のように使われていました。ですが戦後、〝和多志〟は「私」という字に取って代わられるようになったのです。


「私」は「禾」が「稲などの穀物」で、「ム」が「小さく取り囲む」ことを表し、「刈りとった穀物を独占する」という意味の漢字です。ここから「私」という考え方が始まり、「わたしは損をしたくない」「まわりがどうなっても関係ない」「自分さえ良ければいい」といった自己チューな思想に繋がっていきました。

そしていつしか、「たくさんの人との繋がりの中で、自分は生きている」という、日本人が当たり前に持っていた感覚を忘れてしまったのです。


「俺の力で、まわりに『すごい』と言わせたい」

「仕事ができるようになって、もっとみんなから認められたい」

「もっといいポジションや評判がほしい」

そんな「私」の状態で天狗の力を使おうとしたとき、中途半端に伸びた鼻をポキッと折ってくれるのが、大山祇神です。

本来の「わたし（和多志）」は、「多」くの人の「志」を「和《あ》」えた存在です。

自分の命は、多くの人によって支えられているんだと知って、まわりの人や、世の中のために使う。そんな生き方をしている人を、大山祇神は守護してくださいます。

写真：エムオーフォトス／アフロ　出雲大社（島根県）

大国主神

（オオクニヌシノカミ）

《功徳》リーダーシップ、人を育てる、長になる

◆こんな人におすすめ

・後輩、部下を育てたい
・子育てを上手く進めたい
・リーダーシップをとりたい
・団体、チームをまとめたい
・家庭を安心できる場にしたい

祀られている神社

出雲大社（島根県出雲市）
神田明神（東京都千代田区）
日光二荒山神社（栃木県日光市）
日吉大社（滋賀県大津市）

大国主神の神話

大国主神《おおくにぬしのかみ》は、国造りの神様。言い換えれば……、〝国を背負う神様〟です。

『古事記』の中で、若き日の大国主神は大穴牟遅神《おおなむちのかみ》という名で登場します。

大穴牟遅神には、八十神《やそがみ》というイジワルな兄神たちがいました。

その兄神たちに、大きく重たい袋を背負わされ旅に出ます。

そのせいで後れをとってしまうのですが、それでも道の途中で出会った傷ついたウサギを優しく介抱《かいほう》してあげるのです。


その後、多くの試練を経て、大穴牟遅神は素盞男神《すさのおのみこと》から「大国主神」の名を授かり、一つの国を造り上げます。

それが、島根県東部を中心に実在したとされる、古代出雲国《いずものくに》です。

大国主神がリーダーとなった出雲国は、とても栄えていました。

しかしあるとき、天上界「高天原《たかあまはら》」から、天孫族《てんそんぞく》の神々が降りてきて、国を譲るように迫られます。

土地を愛し、民を愛し、身を削る思いで造ってきた国を譲ることは、そう簡単に決断できるものではありませんでした。

そこで、息子である事代主神《ことしろぬしのかみ》や建御名方神《たけみなかたのかみ》にも相談します。

最終的に、国を譲る決意を固めた大国主神は、

「天の仰せのままに、国を差し上げます」

と、手放す悲しみ、苦しみがありながらも、笑顔で答えました。


天孫族は、その代わりとして、天に届くほどの巨大な神殿を建てることを約束しました。そのとき建てられたのが、出雲大社《いずもたいしゃ》です。

当時の出雲大社は、なんと高さ四十八メートル（一説では九十六メートル）ともいわれる巨大な木造の神殿だったといいます。


出雲国は姿を消してしまいましたが、国を背負い、民を愛した大国主神の心は、今も出雲大社という〝場〟に残っています。

場を守り人々を育て導く真のリーダーになる

大国主神は、一般的には〝ご縁を結ぶ神様〟と信じられています。

それゆえ、大国主神が祀《まつ》られていることで有名な出雲大社は、出会いや結婚などの縁結びを求めて、近年、たくさんの参拝者が集まっています。

この縁結びの功徳《くどく》は、毎年十月になると八百万《やおよろず》の神々が出雲にお集まりになって、人々の縁組みについての会議が開かれるという伝承にもとづいています。


しかし厳密には、〝縁結び〟は大国主神の功徳の一部に過ぎません。

最も重要なのは、その御神名《ごしんめい》の表すとおり、「大きな国の主《あるじ》」となるための功徳なのです。


国とは何か？

それは日本やアメリカといった「国家」の意味ではなく、人が集まる〝場〟のことです。

会社、部署、プロジェクトチームも、それぞれ一つの〝場〟です。

スポーツのチーム、ビジネスのコミュニティ、家族、夫婦、恋人同士もそう。

たとえ小さくても、人と人とが一つの〝目的〟を共有したとき、〝場〟が生まれます。

逆に、その場の目的が軽んじられて、人と人とがバラバラになると、いかなる場も〝形だけ〟のものになってしまい崩れてしまいます。

会社の業績が伸び悩むのも、夫婦仲が冷めるのも、子育てが上手くいかないのも、恋人と長続きしないのも、チームが団結できないのも、すべてその根底には、〝場が育っていないから〟という原因があるのです。

大国主神とは、〝場〟を守り、育てるための後押しをしてくれる神様なのです。

あらゆる出会いも〝場〟がなければ生まれません。場が育つと、必要なご縁が勝手に寄ってくるのです。

では、どうすれば〝場〟を守り、大国主神の功徳を得ることができるのか？
そのためには二つの秘訣があります。

まず一つ目は、人の悲しみや苦労を我《わ》がごとと思い、寄り添い支えること。

大国主神の神話の始まりで、イジワルな兄神に背負わされた大きな袋。実は、「袋」の言霊《ことだま》は、「ふくろう＝不苦労」を意味します。

まわりの人の苦労まで一緒に背負って、助け合って、面倒を見て、苦労を不苦労に変えてしまうような生き方を表しているのです。

〝背負う〟とは、どういうことか。それは、
「目の前で起こることは、すべて自分に関係がある」と思うこと。
もっといえば「起こることすべて、自分の責任だ」と覚悟を決めることです。
誰かの悲しみ、憂《うれ》い、嘆《なげ》きも、自分のことのように感じて寄り添う。その人が抱え

るものを一緒に背負い、支え、決して見て見ぬフリをしない。

頭でわかっていても、それを貫くのは難しいかもしれません。自分はなんて無力なんだ、と感じる局面も出てくるでしょう。しかし、そうした悔しさがあるからこそ、心の底から「成長したい！」と願えるのです。

人は誰しも、まず自分の人生を背負うことから始まります。「自分の人生で起こる出来事は、すべて自分の責任」と捉えることで、可能性が切り拓かれていく。

人生が進んでいくと、背負うものはより大きくなっていきます。家族を養ったり、会社で重要なポジションを任されたり、地域社会に貢献したり。そんな〝目に見える形〟の責任が増えていきますが、実は〝目に見えない〟責任もあるのです。

〝バタフライ・エフェクト〟という言葉をご存じでしょうか。

一匹の蝶の羽ばたきは、めぐりめぐって世界のどこかで竜巻を起こすという説です。これは比喩《ひゆ》的な表現ですが、言い換えると、「非常に小さな出来事が、予想もしていなかった大きな出来事に繋がる」ということを意味しています。

これは、わたしたちの人生も同じです。

ある実験で、知り合いを六人辿っていけば、世界中の誰とでも繋がることができる、というものがあります。自分の何気ない発言、行動が、実は誰かの人生に多大な影響を与えているかもしれないのです。

自分の一挙手一投足《いっきょしゅいっとうそく》が、世界に影響している。そんな自覚を持って、自分の人生を背負う人を後押ししてくれるのが、大国主神です。

二つ目は、執着を手放して、人に譲っていくこと。

大国主神は、天孫族から国を譲るよう迫られたとき、「断固拒否して戦う」という選択肢もありました。

世界の歴史をさかのぼれば、土地の所有というのはほとんどが争いによって奪い、奪われ、負けた国の民は奴隷となり、文化も信仰も闇に葬《ほうむ》られてきたからです。

ですが、大国主神は、争うのではなく、〝譲る〟という決断によって、その土地も、民も、守ろうとしたのです。

これは、現代のわたしたちにも、欠かせない精神といえます。

例えば会社においても、多くの場合、人は〝場〟を守ることよりも、自分の〝立場〟を守ることを優先してしまいます。

自分よりも仕事がデキる人が現れたら、嫉妬《しっと》して協力的になれなかったり。足を引っ張ったり、嫌がらせをしてしまったりすることもあります。

そうして、自分が得た地位や結果にいつまでも固執してしまうのです。

「〝場〟を守り、育てる」という視点からすれば、仕事がデキる人が現れるのは喜ぶべきことで、どんどん任せていくことで職場も活性化します。

それなのに、己の〝立場〟を優先するあまり、自分にとっても、みんなにとっても、マイナスの結果を招いてしまうのです。

これまで自分が築いてきた地位や実績、評価は、まわりのためにも、〝場〟を守り育てていくためにも、潔《いさぎよ》く手放すことが大切なのです。

手放すとは、ただ「今まで築いてきたものを失うこと」ではありません。

勇気を出して次の世代へ譲ることで、自分自身も、新たなステージに進むことができるのです。

何かを譲ったり、手放したりしていくことは、〝死に支度《じたく》〟に似ています。死に支度というのは、「いつ自分がいなくなってもいいように準備すること」です。

縁起でもない、と思われるかもしれませんが、〝場〟を守るとはそういうことなのです。

職場なら、自分がいなくても仕事が回るように、普段から自動化したり、マニュアルを作ったり、部下に仕事の精神を引き継いだりする。

夫婦なら、自分がいなくても妻や子の幸せが守られるように、普段からまわりの人に貸しを作ったり、子どもに教育をしたりする。

終わりを意識するからこそ、〝何を残せるのか？〟を真剣に考えるようになります。するとと、人との接し方が変わります。

自分がいなくなった先のことまで考えるからこそ、その場にいる人たちを守る行動に結びつき、場が育っていくのです。

大国主神が残した出雲の大神殿《だいしんでん》は、たとえ自分がいなくなっても、「出雲国を守る」という、愛の表れだったのかもしれません。

自分の立場を譲ってでも〝場〟を守る、大国主神のような生き様。

そこには、個人を超えた愛を体現するための、一つの答えがあるのです。

Masa ／ PIXTA（ピクスタ）

氷川神社（埼玉県）

素盞男神
（スサノオノミコト）

《功徳》 能力が開花する、限界を突破する

◆こんな人におすすめ

・限界を超えたい
・能力を開花させたい
・仕事ができる人になりたい
・他人に貢献できる自分になりたい

祀られている神社

氷川神社（埼玉県さいたま市）
熊野本宮大社（和歌山県田辺市）
八坂神社（京都府京都市）
八重垣神社（島根県松江市）
素盞嗚神社（広島県福山市）

素盞男神の神話

伊邪那岐《いざなぎ》が死者の国から帰り、禊《みそ》ぎをしたときに生まれたのが、「三貴子《みはらしのうずのみこ》」と呼ばれる神々です。太陽の神・天照大神《あまてらすおおみかみ》、月の神・月読尊《つくよみのみこと》、そして、地球を司る素盞《すさの》男神《おのみこと》です。

『古事記』では、素盞男神は神様の世界「高天原《たかあまはら》」で乱暴狼藉《らんぼうろうぜき》を繰り返します。あまりにひどい有様に姉の天照大神も困り果て、天の岩戸に隠れてしまいました。太陽の神様がお隠れになったせいで世界は真っ暗闇になり、魔物がはびこり……さぁ、一大事です。

結局、たくさんの神々の協力により天照大神は岩戸から出てきますが、素盞男神は罰としてヒゲとツメを抜かれ、下界へ放逐《ほうちく》されました。

ところが素盞男神は、そこから人が（神が）変わったかのような活躍を見せます。中でも有名なのは、出雲《いずも》の地で八つの頭と八本の尾を持つヤマタノオロチを退治する神話でしょう。

高天原を追放された素盞男神は、一人の美しい娘を囲んで泣いている老夫婦に出会います。訳《わけ》を聞くと、夫婦は「わたしたちには八人の娘がおりました。けれど毎年、山からヤマタノオロチという大蛇が現れ、一人ずつ喰《く》われてしまったのです。そして今年もまた、ヤマタノオロチがやってくる時期になりました。最後の娘が喰われてしまうと思うと悲しくて、涙が止まらないのです」と言いました。

そこで素盞男神は大胆にも「オロチを退治するから、その娘をわたしの妻にくれ」という約束をとりつけます。娘の名は「クシナダヒメ」といいました。

そして、素盞男神は八つの強いお酒を用意し、決戦のときを迎えます。大の酒好きであるヤマタノオロチは、首を桶に突っ込んでグビグビ飲み干します。すっかり酔いつぶれてしまったオロチの隙を見て、素盞男神は剣で斬りかかり、勝利を収めます。

そして、オロチの身体から真剣「草薙剣《くさなぎのつるぎ》」を手に入れ、助けた娘・クシナダヒメと結婚したのでした。

限界を突破して目的を遂行していく勢いのある人になる

天界を追放されるほど荒くれ者だったところから、娘を救って英雄になる。

そんな神話に隠された素盞男神の功徳は、

「能力が目覚める、限界を超える」ということです。


実は、今の人間社会を形成している科学技術や経済、政治など、あらゆる文明の基礎は素盞男神の働きによって築かれました。

個人の人生で、その働きを味方につければ、今まで決してできなかったことが、できるようになり、限界だと思っていたカベを突破できるのです。

しかし、それだけ大きな働きを味方につけるには、それ相応の姿勢が求められます。

素盞男神は、ただでは動かないのです。

その功徳を得る最大の秘訣は、〝一度、死んだつもりになって〟奮起すること。

これを「大死一番《たいしいちばん》」といいます。

その覚悟を持って挑むと、素盞男神の後押しにより、隠れていた能力が現れるのです。

素盞男神は、ヒゲとツメを抜かれて高天原を追われました。これは霊威も立場も失ったことを意味します。神としては一度死んだようなもの。それにより本領が発揮されたのです。

人も同じで、〝今やるべきこと〟が定まっていなければ、いくら能力が高くてもそれを持て余してしまいがちです。けれど、「もうあとがない！」という絶体絶命の状況になると、自ずと方向が定まるのです。

例えば、ある平凡な芸術家が、「余命あと一週間です」と突然、医者に言われたら。その瞬間から、「死ぬまでに何を残すか」を自問自答します。覚悟が決まった瞬間から、すべてのエネルギーを芸術に捧げ、今まで作ったことがないような作品を残すでしょう。

もしかしたら、普通に七十年かけても到達できなかった境地に、そのたった一週間で辿り着くかもしれません。

それくらい、惰性《だせい》の一生は短く、決死の一日は長いのです。

今の日本は平和です。ですから、実際に生命の危機に瀕《ひん》することなど、ほとんどありません。あり得るとしたら、例えば、

「倒産寸前で、死んだほうが楽だと思うほど働いた」とか、

「死ぬほど怖い鬼上司に鍛えられて、地獄の日々だった」とか、

「極貧に生まれ、子どもながらに自分で稼がないと食べていけなかった」とか。

類《たぐい》まれな能力を開花させた人や、限界を限界と感じさせない器の大きな人は、必ず人生のどこかで、死ぬような経験をしているものです。

たとえそのような試練がなかったとしても、〝死んだような気持ち〟で生きる、もしくは、自分を〝限界状況〟に追い込むことで、素盞男神の霊力を呼び込むことができます。

「大死一番」になって、傷つくこと、失うこと、そういった諸々の恐怖を忘れるくらい、今を真剣に生きるのです。

いかなるチャンスも、失ってからでは、もう取り返しがつきません。

実際に死んでからでは、もう後戻りはできないのです。

きっと誰しも、一度は経験したことがあるでしょう。

「あぁ、あのとき本気になっていたら……」という後悔。

「どうしてあの別れ際に、あと一言が言えなかったんだ……」という無念を。

人はそんな思いを幾度も繰り返して、たった一度しかない人生、二度とこない数多《あまた》のチャンスを失ってしまうのです。

だから、**今日が最期の一日だと思って、毎日を生きるのです。**

もし今日が、最期の朝、最期の会話、最期の仕事、最期の試験、最期の試合、最期の遊び、最期のデート、最期の食卓……、だとしたら、同じ一日にはならないでしょう。

そのような気持ちで、一日一生《いちじついっしょう》のごとく生きれば、間違いなく眠っていた能力は目覚め、限界だと思っていたカベは、こっぱみじんに打ち砕かれるでしょう。

それが、素盞男神が神がかる生き方なのです。

写真：島村秀一／アフロ

浅草寺（東京都）

観世音菩薩
（カンゼオンボサツ）

《功徳》 自在性を身につける

◆こんな人におすすめ
・コンプレックスを克服したい
・仕事で躍進したい
・もっと人の役に立ちたい
・執着心から抜け出したい
・願望実現力を高めたい

祀られている寺院
・浅草寺（東京都台東区）
・法隆寺（奈良県生駒郡）
・護国寺（東京都文京区）
・清水寺（京都府京都市）
・東大寺（奈良県奈良市）

観世音菩薩の神話

仏教において、特に信仰されているのが観世音菩薩《かんぜおんぼさつ》です。一般的には「観音様《かんのんさま》」として、昔から日本人に親しまれてきました。

仏教の二大経典には「観音経」と「般若心経」がありますが、「観音経」はその名のとおり、観音様の功徳《くどく》について説かれています。

経文の中で、しきりに「念彼観音力《ねんぴかんのんりき》」という言葉が出てきますが、これは「どんな不運に見舞われようと、一心に観音様を信じて唱えることで、たちどころに救ってくださる」という意味で、非常に救済力の強いお経です。

また、経文には「生きとし生ける者の苦悩の音声を観じて救う」とあり、悩める世の人々の「音（声）」を「観る」ことから〝観音〟と呼ばれるようになりました。

観世音菩薩は、いろんな姿かたちで描かれます。

例えば、「千手《せんじゅ》観音」は、あの手この手を尽くして、なんとか手を差し伸べて人を救う姿を表し、「十一面観音」は、あらゆる表情、感情を自在に変化させて救うさまを表します。

人々の苦悩に応じて、三十三の姿に変化して、救い導く存在なのです。

なぜそれほどまでに、たくさんの姿に化身するのか。

それは、観世音菩薩は、俗世間の中で人々が経験する辛さや苦しみ、悲しみを知っているからです。

だから、決して高みの見物ではなく、たとえ地の底に足を突っ込もうとも、自らが泥にまみれようとも、天国から地獄まで縦横無尽《じゅうおうむじん》に行き来して、すべての人を救い上げてくださるのです。

そんな、大海のように広くて深い慈悲の心を持つ仏様なのです。

固定観念を捨て自由自在に人生を切り拓く人になる

観音様は、手を替え品を替え、姿を変え、苦しんでいる人に手を差し伸べ、地獄から救う菩薩です。

誰しも一度は、「一番苦しかったときに、あの人に救われた」とか、「あの人の助けがなかったら、今のわたしはなかった」と言えるような経験があるでしょう。誰かにそう思われる存在になるということは、あなた自身が、その人にとっての観音様になるということです。

観音様の功徳は、「自在性」を与えてくれること。

観音様がなぜ千変万化《せんぺんばんか》に、自由自在に、人々を救済できるかというと、その働きが「自在」だからです。

自在とは、縛られないこと。

固定観念や、思い込みや、囚われがない状態のことです。
本来、人の心は水のようなもので、多様な価値観や考え方を理解して取り入れたり、その場・その人に合わせた臨機応変な対応をしたり、自在に、柔軟に形を変えることができます。

しかし、世間を渡り歩く中で、上手くいかないことが続いたり、傷ついたり、人とのすれ違いが積み重なっていくと、「アイツが許せない」「自分はこういう人間だから」「どうせ結果は変えられない」と固く冷たい氷のような心になってしまうものです。

そんな凝り固まった心から、苦しみや、恨み、悲しみが生まれ、心の成長を阻んできます。

仏教の世界では、人の苦しみの根源を「三毒」という言葉で表しています。

三毒とは……、

①貪《とん》：必要以上にむさぼり求め、「もっともっと」と欲望が暴走すること。
②瞋《じん》：自分や周囲に対する、怒りや恨みなどネガティブな感情に支配されること。
③痴《ち》：目先の利益に振り回され、真実が見えなくなる愚かさのこと。

この三毒によって、〝執着〟が生まれます。「アレがないと幸せになれない」「アイツのせいで不幸なんだ」「あの人ばっかり羨《うらや》ましい」といった、特定の感情や思考に囚われ、自在な心を失っていくのです。

イヤなことも、「あれは成長のために経験させてもらったんだ」と許し、水に流す。それが水のようにしなやかな心を保つ秘訣です。

では、どうすれば執着を超えられるのでしょうか？

一つのヒントは、〝時間〟から自由になることです。

例えば、別れた恋人に執着している人はたくさんいます。けれど、三十年前に好きだった人のことを、未だに引きずっている人はほとんどいないでしょう。

同様に、「アイツが許せない！」と怒り、衝突していたことも、時間が経てば、「アイツも大変だったんだな」「自分も悪かったな」と理解し、許せるようになるものです。

モノへの執着も、時間が経てば消えていきます。「三十年前に落とした財布が見つからない！」と悔しがっている人など、どこにもいないのですから。

ならばはじめから、もっと長い視野で、すべての物事を眺めるべきでしょう。

つまり、いつも〝時間の枠の外〟から、目の前にある世界を見るようにする。

上手くいかないことがあったら、「これはきっと自分の成長のために、経験させてもらってるんだ」と捉え、愚直に取り組む。

誰かとぶつかったりケンカしそうになったら、「今までよりもっと絆《きずな》を深めるためのコミュニケーションなんだ」と思って、怒りに振り回されることなく対話する。

あらゆる出来事は、最高に幸せな未来に繋がっていると確信して生きる。

それが観音的思考です。

実は、観音像というのは、男でも女でもない、性別を超えた存在です。これは、過去・現在・未来の囚われも、他人と自分の区別もなく、どんな姿にも変化する、まさに水のようにしなやかな振る舞いで多くの人を救う存在を表しているのです。

わたしたちも観音様のように、いつも自分の遥《はる》か頭上から世界を俯瞰《ふかん》するような感覚で過ごすことで、目先の感情や事情に囚われず、自在に考え、動けるようになります。

これができるようになれば、一時的な苦しみで立ち止まることもなくなるのです。

そして、「ああなればいいなぁ」という願望が、かないやすくなります。「絶対に未来は良くなる」という確信がそうさせるのです。

どんなに不幸《ふしあわ》せそうな人を目の前にしても、相手の未来を絶対的に確信してあげられてこそ、相手の中にも希望が芽生えるものですから。

観音は、「音を観る」と書きます。

実は、〝音〟の世界は奥深く、この世界の誕生の根源には、音（振動）がありました。

十八世紀の物理学者エルンスト・クラドニは、金属板に撒《ま》かれた塩や砂が、音（振動）に反応して、不思議な模様を描くという現象を発見しました。

物質と音との間には「固有振動数（物体それぞれが持つ特定の振動のこと）」というものがあって、特定の周波数で共鳴を起こします。そのときの振動の強弱によって、まるで海に波が起こるように模様ができるのです。

人間も、地球も宇宙も常に振動しており、天地自然が形作られたのも、惑星や星々が生まれたのも、〝音（振動）〟によってです。

あらゆるものの誕生の源には、音があったのです。

宇宙の始まりの音が、広がって、枝分かれして、今の地球があって、今のあなたがいます。あなたも、あなたが嫌うあの人も、あなたが恋い慕うあの人も、まだ出会ったことのない何十億の人たちも、何千億人のご先祖様も、生きとし生けるすべての動物たちも、水も、火も、土も、木も、その根源で繋がっているのです。

究極の過去まで時間をさかのぼれば、すべては一つだったということ。

そして究極の未来まで時間を進めれば、人はまた一つになりたいと望んでいます。

だから人間は、誰かとわかり合えたり、仲間になれたり、愛し合えたり、一つになれることが、こよなく嬉しいのです。

音を見るとは、そういった視点で、世の中を俯瞰することです。

超越した視点に立てば、自分の苦しみも、誰かの苦しみも、神々の苦しみも、境目がなくなるのです。

勝ち負けも、損得も、善悪も、なくなります。

そして、自在になれるのです。

©NOBUAKI SUMIDA/SEBUN PHOTO/amanaimages

伊勢神宮外宮（三重県）

国之常立神

（クニノトコタチノカミ）

《功徳》　一芸を極める、軸ができる、魅力的になる

◆こんな人におすすめ

・ブレない精神力をつけたい
・手に職をつけたい
・自分の特技を開花させたい
・自分の意見をしっかりと持ちたい
・自分の望む仕事に就きたい

祀られている寺院

・伊勢神宮外宮（三重県伊勢市）
・城南宮（京都府京都市）
・御嶽神社（長野県木曽郡）
・玉置神社（奈良県吉野郡）
・国常立神社（奈良県橿原市）

国之常立神の神話

まだ地上がゆらゆらとした液状で、形が定まらなかった頃。

天と地に二柱の神が誕生します。

天の軸を司る天之常立神《あめのとこたちのかみ》と、地球の軸を司る国之常立神《くにのとこたちのかみ》です。

国之常立神は、ドロドロとして水母《くらげ》のように漂っていた地上に、一つの「軸」を立てました。日本の国土は、その「軸」を指針として、形作られていったのです。

国之常立神の御神名《ごしんめい》を紐解くと、「国」は「国土」、「常」は「永久」、「立」は「成り立つ」を表し、「国土が永久に立ち続け、栄えるように」という意味。日本を守護する神様ということです。

ちなみに、国之常立神は龍神であるともいわれています。日本列島を上から見ると、龍のような形をしているのも、その表れでしょう。

龍神は水中に棲み、水を司る存在ですから、日本全国に川があり、水に恵まれているのは、日本が龍神さまに守られている証かもしれません。

また、国之常立神は、愛のある厳しさも持ち合わせています。ブレない軸を打ち立てるには、たとえ価値観を揺るがすような出来事に遭遇《そうぐう》しようとも、動じない強さが必要です。国之常立神は、一人ひとりが軸のある生き方をするために、ときに試練に直面させたり、挫折を経験させたりすることがあります。「もうダメかも……」と感じるような〝打ちのめされる経験〟が、成長の糧になり、大きな学びになって、立ち上がる力が身についていくものです。

そんな厳しくも愛の深い国之常立神は、世間から恐れられる存在でもありました。それは人々の成長のため、あえて嫌われ役を買って出てくださっているからです。

日本を守ってくださっている伊勢神宮には、内宮に天照天神、外宮に豊受大神《とようけのおおかみ》が祀られています。この豊受大神が『神道五部書《しんとうごぶしょ》』という書物によると、国之常立神と同一であると伝えられているのです。日本の発展に貢献する思いを持って参拝すれば、より一層の守護を得られるでしょう。

独特な雰囲気でまわりを魅了する一芸に秀でた人になる

今のわたしたちの生活があるのは、地球の〝軸〟のおかげです。

地球は、地軸があるから、コマのように回転できています。

もし、自転がなかったら、朝・昼・夜がめぐることもなくなり、地球の半分は太陽があたり続けて灼熱に、もう半分は暗く冷たい氷の世界になって、生き物は生きていけなくなるといいます。

地球が自転していることなど、人は誰も意識していませんが、その働きのおかげで生きていられるのです。

地球と同じく、人がいい人生を全《まっと》うするのにも、軸が必要です。

人生の軸を打ち立ててくれる、または、今ある軸を強固にしてくれるのが、国之常立神の功徳《くどく》です。

軸ができると、コマのように回転が生まれます。

コマは止まっていると倒れてしまいますが、高速回転すると、ただでは倒れません。

人も同じように、軸ができるとブレなくなります。

軸のない人は、生き方も、考え方も、ちょっとしたことでブレてしまいがち。

他人の意見に流される、周囲の空気に流される、情報に踊らされる、飽きっぽい、頼《たよ》りない、感情の奴隷になる、コロコロと意見が変わる。

つまり、自分の人生観がないのです。


そしてもう一つ、回転によって生み出されるのが、吸引力です。

軸ができると、人は不思議な魅力でまわりを惹《ひ》きつけるようになります。

つまり、男性からも女性からも、抜群にモテるようになるのです。


では、どうすれば軸は作られるのか？

まずは、どんなに小さな分野でもいいから〝一芸を極める〟ことです。

興味のあること、好きな分野で構いませんから、「コレに関しては、そんじょそこらのヤツには負けない」と言える〝何か〟を作るのです。

そのためには行動も変えていかねばなりません。

志は行動とセットになって初めて本物と呼べるものです。

行動を変えるということは、優先順位を変えるということです。

何かを志しても、努力が続かなかったり、結果が出なかったり、中途半端で終わってしまう人は、その優先順位を間違えてしまっているのです。

例えば、「踊りを極める！」と決めたとしましょう。

その志を立てたときから、すべての優先順位が変わるはずです。

誰と会うか、どこに遊びに行くか、どの本を買うか、何を食べるか、どんな服を着るか。日常のちょっとしたことも、「どれを選んだら、踊りの上達に繋がるだろう？」が判断基準になるのです。

ここで注意すべきことは、ほかに目移りしないことです。

孟子《もうし》に「学問の道は他無《ほかな》し、其の放心《ほうしん》を求むるのみ」という言葉があります。

これは「学問の道とは、放たれた心を元に戻すことに尽きる」という意味。

人の心は、常に楽しいこと、気持ちのいいことのほうへ、揺れ動きます。

その不安定な「心」を、志を果たすためにいかに専念させることができるか。

それが修行であり、道を成就するカギなのだという教えです。


人の心のエネルギーは有限です。

それなのに多くの人は、それを〝雑多なこと〟にムダ遣《づか》いしてしまっています。

もともと「百ワット」のエネルギーを持っているとしたら、いろんなところのコンセントにプラグを挿して、エネルギーを漏らしてしまっているのです。

恋愛に「四十ワット」使って、友達付き合いに「三十ワット」使って、SNSの投稿に「十ワット」、服選びに「五ワット」、料理に「五ワット」使って……、そして、残ったわずか「十ワット」のエネルギーで目標達成に向けて、がんばっている。それでは、いくら努力してもかなうはずがありません。

だから、一芸を極めるにも、余計なコンセントを抜いて、そこに百ワットすべて注げるようにしなければなりません。

極める志向を行動で見せていれば、国之常立神の目に留まります。

そして、その志の大きさに応じて、力添えをしてくださるようになるのです。

心の軸を立て、それを守ることで、自分の世界観ができてブレなくなります。イライラしたり、ヘコんだり、すぐに感情がブレていた人も、それがコントロールできるようになります。誰に対しても物怖じせず、自分の意見が言えるようになります。

そして、〝極めた一芸〟があれば、あなたのまわりに人が集まって、頼りにされるようになり、モテるようになるのです。ひいては、出会いのチャンスも増えて、人助けするチャンスも自ずから増えていきます。

すると、もっと多くの人を助けたい、という志に火がついて、どんどん大きいことをかなえられるようになっていくのです。

すべては、心の軸を立てて、〝一芸を極める〟と決めることから始まるのです。

おわりに　わたしが見たい景色

最後に、ちょっとぶっとんだ、わたしの夢を書かせてください。
わたしは、ある日を境に、人を人として見ることをやめました。
すべての人の奥には、神様がいらっしゃると、見立てるようにしたのです。

「すべての女性、男性が、〝女神、男神〟のように生きる、その世界が見てみたい」

そんな見果てぬ夢に、青年時代のわたしは、一度きりの人生を捧げたくなってしまったのです。
もちろん、人様にそんなことを言えば、ドン引きされるか、笑いものにされて終わるか、どちらかだとわかっているので、普段は口にしません。

けれど心の中では、どなたに対しても「この人は未来の神様だ」と、冗談抜きに思っています。

わたしがそんな夢を見るようになった理由は単純です。

師匠・北極老人《ほっきょくろうじん》が、まさにそんな世界の住人だったからです。

北極老人のまわりでは、奇跡が日常茶飯事でした。

出会う人、出会う人が、すっかり安心感に包まれて、あるがままの自分を取り戻し、魅力を発揮していくのです。

何より当のわたしも、その安心感によって、生き方が変わった一人でした。

その安心感は、まるで心の奥にいる〝本当のわたし〟に、語りかけてくれているような、初めての感覚なのです。なるほど、その〝本当のわたし〟はどうやら実在していて、それこそが自分の〝御魂《みたま》〟であり〝内なる神様〟なのだと、のちに知りました。

何も本気になれることがなく、漫然《まんぜん》と日々をむさぼっていたわたしは、その声によって、人生の〝目的〟に目覚めたのです。

人が神様になる、だなんて、絵空事《えそらごと》だと思われるかもしれませんが、本来、森羅万《しんらばん》象《しょう》に神様が宿ると考えるのが日本の多神教ですから、突拍子《とっぴょうし》もない話ではありません。

人と神様は、もともと根っこで繋がっているのです。

人はそれぞれ、十人十色の性格があります。

同じく神様にも、十神十色の性格があるのです。

占いでは、生年月日から、その人の性格を知ることができます。

なぜかといえば、オギャーと生まれた瞬間、赤ん坊は天体エネルギーを受けて、それにより〝性格〟が決まるからです。

惑星は周期的に動きますから、生年月日が定まれば天体の配置がわかり、それに応じた性格が定まるのです。

いったん生を受けたら、生年月日は変えようがありません。

ですから、それによって決まる性格も、一生、変わらないのです。

そう聞くと、自分の性格のイヤなところは、ずっと直らないのか……と、残念に思われるかもしれませんが、心配はご無用。


〝性格〟は変えられなくても、〝生き方〟はすぐにでも、変えられるからです。

ここで一つお伝えしておきたいのは、〝良い性格〟〝悪い性格〟というものは、この世に存在しないということです。


「でも、イヤなことばかりしてくるアイツはどうなの⁉」

そんな声が聞こえてきそうですが……、大事なのはココから。

相手のことを〝性格が悪い〟と感じてしまうのは、その人が生まれてから、今日《こんにち》にいたるまでの環境の中で、性格の〝悪い面〟ばかりを育ててきてしまったからです。

同じ生年月日なのに、性格はぜんぜん違うように見えるケースがあるのも、同じ理由です。育てられてきた環境や、まわりの人との関係性によって、つまり、その人の〝生き方〟によって、性格のどの部分が引き出されるかが違ってくるからなのです。

あらゆる性格にはコインの裏表のように、〝良い面〟と〝悪い面〟があります。

大胆な性格は、勇敢にも軽率にもなり、おっとりした性格は、温厚とも優柔不断ともとれます。まじめな性格は、良くいえば勤勉。逆にいえば、機転《きてん》の利《き》かない人にもなり得るでしょう。

占いの本当の目的は、その生まれ持った性格の〝良い面〟を育てていくこと。

未来を当てることでも、来るべき困難を避けることでもないのです。

良い面を育てることを、わたしは〝性格を品上《しなあ》げる〟と言っています。

実は、〝人の性格〟を究極まで品上げたのが〝神様の性格〟です。

自分の性格を品上げて、神様になるために、人は生まれてくるのです。

誰かの性格を品上げて、神様になってもらうために、死んでいくのです。

誰でも、つい自分の性格の欠点ばかりを見てしまいがちですが、その持って生まれた性格だからこそ、果たすことのできるお役目が、必ずあります。

だから、自分の性格を毛嫌いしたり、別人格の仮面をかぶって生きたりしていると、なかなか天命《てんめい》に近づくことはできません。

あなたにはあなたの魅力があり、才能があり、幸せにいたるルートが必ずあります。

そのルートへの入口は、生まれ持った性格を品上げていくことなのです。


では、品上がるための生き方とは？


過去に頼らないこと。

得意分野に逃げ込まないこと。

日々、生まれ変わること。

これは、**神様に愛される生き方**そのものです。


性格が悪くなるとき、人は必ずといっていいほど、過去を向いています。

明日を信じられないから、今が苦しくて、人の悪口を言ったり、人の不幸を喜んだり、人を蔑《さげす》んだり、認められなかったり、許せなかったりするのです。


人生、どうにもならなくて、希望が見えないときも、あるでしょう。

満たされない今を、誰かのせいにしたり、自分を責めたりしたくなるときもあると思います。

がんばってもダメで、自力《じりき》も尽き果て、絶望の淵に立たされて、「もう、この世に、神も仏もあるものか！」と思いたくなるときも、あるかもしれません。


けれど、そういうときにこそ本書を開き、神様の空気を思い出してみてください。

自分の最高の未来を想像して、書いて創造して、祈ってみてください。

イヤな自分も、イヤなあの人も、明日にはもういない。
明日には、新しいあなたがいて、新しいあの人がいる。
そして、いつかは品上がり、誰もが神様になる。
そう信じて、信じ抜けば、あなたの人生は意義のある時間に変わります。
明日の自分を信じたら、必ず神様は味方になってくれるのです。

なぜなら神様とは、すなわち、未来のあなた自身なのですから。

まるで女神、男神のように魅力的になった、未知なる〝あなた〞との出会い。
それこそ、神社で授かる最大のプレゼントなのです。

あなたに、最高の出会いが訪れることを願っています。

羽賀ヒカル

神社ノート

【神社ノートの掟】

三二二ページから、記入用の『神社ノート』が始まります。
以下の掟に従って、あなたが神様に届けたい言葉を書いていきましょう。

◉神社ノートを書く前に空間を整えてください。
机の上に、ほかのものが何も置かれていない状態を作りましょう。

◉書き始めるときは、神社参拝をするように二礼二拍手をします。
次に、「神様、只今《ただいま》から神社ノートを書かせていただきます」と唱えてから、書き始めてください。これにより、神社ノートが発動します。

◉より丁寧《ていねい》に儀式化する場合は、天津祝詞《あまつのりと》（一四五ページ参照）を唱えてから、書き始めてください。

◉一番最初のページには、自己紹介を書きましょう。

◉毎回、一行目には、日付と、お祈りを向ける神様の名前を書きます。
書き方は「○年○月○日（　御神名《ごしんめい》　）様　守り給《たま》へ　幸《さきは》へ給へ」

◉最後は感謝を込めつつ、「結果はすべて神様にお預けします」という気持ちで、「かむながらたまちはえませ」と書いて締めくくります。

ポイント

◉神様にメッセージを送るように、丁寧に言葉を尽くして書くこと。
◉同じことを何度も書いても構わないので、継続して書いていくこと。
◉願いは自分自身の成長に合わせて進化させていくこと。
◉願望実現に執着せず、結果は神様にお預けすること。
◉「話す」は「(功徳《くどく》を)離す」。ノートに書いたことは他人に言わないこと。
◉願いを書いたら、その願いを達成するにふさわしい生き方を心がけること。
◉人様の幸せと、自分の成長を軸に祈ること。
◉願い事の内容や今の自分自身の気持ちに合わせて、お祈りする神様を選ぶこと。
◉同時並行で複数の神様にお祈りしても問題ありません。

木花咲耶姫神
猿田彦神
観世音菩薩

参考文献

羽賀ヒカル『女神になれる本』ＰＨＰ研究所
戸矢学『神道と風水』河出書房新社
宮崎辰『世界一のメートル・ドテルだけが知っている、好感を持たれる60のコツ』マガジンハウス
ちこ『いのちのごはん』青春出版社
入江孝一郎『諸国一の宮（日本精神世界の旅＊地球散歩）』移動教室出版事業局
石井裕之『「心のブレーキ」の外し方』フォレスト出版

［巻末付録］　護符

付録・護符の使い方

護符で神気を感じる方法

巻末に、北極老人《ほっきょくろうじん》が書かれた特別な護符《ごふ》をおつけしています。本書でご紹介した神様の〝神気〟を込めた、十二枚の護符です。ここでは、護符を通して、神様の空気を感じていただく方法をお伝えします。

方法1：手をかざす

できるだけ掃除をして場を整え、ひとりきりの静かな空間でおこないましょう。目の前に護符を並べ、心静かに一枚を選びます。その護符を手にとり、見つめたり、声を聴くように耳を澄ましたりしてから、上に手をかざします。護符から立ちのぼってくる〝気〟を手のひらで感じてください。

方法2：お酒に〝気〟をうつす

清酒をコップに入れて、一口だけ飲み、その味を覚えます。そのコップを護符の上に置き、「みあれませ、〇〇（御神名《ごしんめい》）様」と唱えます。そして、一呼吸おいてから飲んでみてください。

護符の上に置く前と比べて、神様の御神気に見合った〝味や香り、のど越し、印象〟に変わるのを感じていただけるでしょう。

※お酒は気に敏感なので、変化がわかりやすくておすすめですが、お酒が飲めない方や、未成年の方は、浄水器を通したお水やミネラルウォーター、お白湯、お茶などでお試しください。

飲んだあとは、神様の空気をどのように感じたか、自分の言葉で書き残しておくといいでしょう。

護符を使っていただきながら、日々の中で神様の空気を思い出し、身にまとっているような感覚で過ごせるようになると、いい流れに乗りやすく、神様から応援されやすくなります。

切り取り線

切り取り線

摩利支尊天

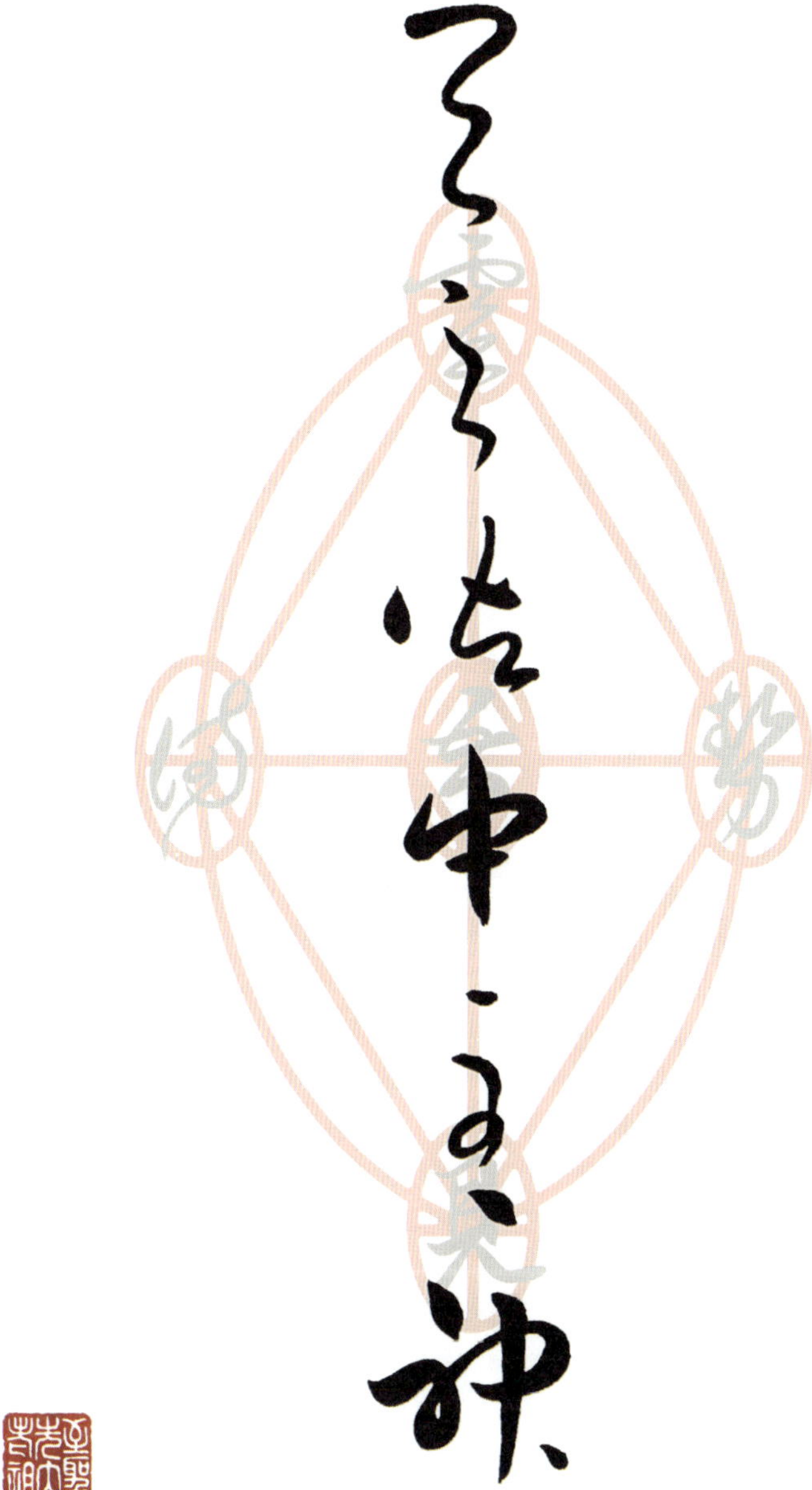

切り取り線

切り取り線

天之御中主神

切り取り線

切り取り線

蛭子大神

木花咲耶姫神

切り取り線

切り取り線

木花咲耶姫

切り取り線

切り取り線

天宇受賣命

切り取り線

切り取り線

猿田彦神

切り取り線

切り取り線

建御雷神

切り取り線

切り取り線

大山祇神

切り取り線

切り取り線

大国主神

切り取り線

切り取り線

素盞男神

観世音菩薩

切り取り線

観世音菩薩

國之常立大神

切り取り線

国之常立神

羽賀ヒカル（はが・ひかる）

神道研究家。15歳のある日、師である「北極老人」に出会い、神道、占術、東洋思想の実践と探究を始める。現在はセミナーや各種メディアで、幸せに生きるための神道を伝えている。YouTube「神社チャンネル」では「日本人の心に火を灯す」を合言葉に、神道から社会情勢まで幅広いジャンルで心が熱くなる情報を発信中。オンラインサロン「ゆにわ塾」にも力を入れている。主な著書に『書けば叶う』『龍の神様と出会うたったひとつの方法』（共にSBクリエイティブ）、『神様、大集合！ おうち神社化計画』（エムディエヌコーポレーション）、『【出雲の神様】秘伝開封』（ヒカルランド）、『出会いの教科書』（Clover出版）がある。

神社チャンネル　https://zinja-omairi.com/
羽賀ヒカル公式ブログ　http://ameblo.jp/mpdojo/
北極流.com　http://www.hokkyoku-ryu.com/

［新版《しんぱん》］
不思議《ふしぎ》と自分《じぶん》のまわりにいいことが次々《つぎつぎ》に起《お》こる
神社《じんじゃ》ノート
あなたの「守《まも》り神《がみ》」と「ご縁《えん》の深《ふか》い神社《じんじゃ》」がわかる！

2025年3月27日　初版第1刷発行
2025年5月23日　初版第2刷発行

著　　者　羽賀ヒカル
発 行 者　出井貴完
発 行 所　SBクリエイティブ株式会社
〒105-0001　東京都港区虎ノ門2-2-1

ブックデザイン　長坂勇司（nagasaka design）
イラスト　こがみのり
校　　正　有限会社ペーパーハウス
組　　版　アーティザンカンパニー株式会社
編集担当　吉尾太一
印刷・製本　株式会社シナノパブリッシングプレス

本書をお読みになったご意見・ご感想を
下記URL、またはQRコードよりお寄せください。
https://isbn2.sbcr.jp/28871/

ISBN 978-4-8156-2887-1